U0458782

黄博

如朕亲临

黄　博 ／著

山西出版传媒集团

山西人民出版社

图书在版编目（CIP）数据

如朕亲临：帝王肖像崇拜与宋代政治生活 / 黄博著.
— 太原：山西人民出版社，2023.1（2023.3重印）
ISBN 978-7-203-12414-6

Ⅰ.①如… Ⅱ.①黄… Ⅲ.①中国历史—宋代—通俗
读物 Ⅳ.①K244.09

中国版本图书馆CIP数据核字（2022）第188730号

如朕亲临：帝王肖像崇拜与宋代政治生活

著　　者：黄　博
责任编辑：崔人杰
复　　审：傅晓红
终　　审：梁晋华
装帧设计：陈　婷

出 版 者：山西出版传媒集团·山西人民出版社
地　　址：太原市建设南路21号
邮　　编：030012
发行营销：0351-4922220　4955996　4956039　4922127（传真）
天猫官网：https://sxrmcbs.tmall.com　电话：0351-4922159
E-mail　：sxskcb@163.com　发行部
　　　　　sxskcb@126.com　总编室
网　　址：www.sxskcb.com

经 销 者：山西出版传媒集团·山西人民出版社
承 印 厂：山西出版传媒集团·山西人民印刷有限责任公司

开　　本：890mm×1240mm　1/32
印　　张：9.5
字　　数：220千字
版　　次：2023年1月　第1版
印　　次：2023年3月　第2次印刷
书　　号：ISBN 978-7-203-12414-6
定　　价：86.00元

如有印装质量问题请与本社联系调换

于无聊处有趣，

于无情节处有故事，

于无人问津处有激情。

——黄博

目 录

序一：皇权的写真

在照相技术发明之前，记录人物肖像，绘画是唯一的手段。传统的中国绘画，有写意，有工笔，不过人物肖像的制作，应当属于另一系统。日语中的"照片"一词，叫作"写真"。这个词原本来自中国，指的就是人物肖像一类的绘画。绘画用于人物肖像，与被写体本身，一定是相当接近而逼真的，所以才被称作真实写照之意的"写真"。也正因为如此，"写真"才被日本人挪用，指代19世纪以后才出现的新技术产物照片。

过去写真绘画，作为一种习俗，几乎跟现在的照相一样普遍。因此，我们可以看到，在传世的古代资料中，不仅有很多人物肖像画，还有失去画像依托而独立存在的"写真赞"之类的题辞文章。写真是写实的，但作为题辞的"写真赞"则是有写意性质的发挥。

研究历史，述其事，想见其人。传世的历史人物肖像画，便多少能满足这样的愿望。

今天的学术研究分科愈发细密，就历史研究而言，绘画往往被纳入美术史研究的范畴。一般意义上的历史研究,特别是历史人物传记,或许会插入几帧传世的相关人物肖像画,但绝不会成为研究对象本体。然而,令我意外的是,黄博博士的这部《如朕亲临:帝王肖像崇拜与宋代政治生活》的研究对象主体,居然就是人物肖像。并且,他所利用的人物肖像,是最重量级的人物肖像——宋代的帝王肖像。

"跳出三界外,不在五行中。"这是一部别致的著作,一部用帝王的肖像记载串联起来的宋代政治生活史。构思新奇,出人意表。大量围绕着宋代帝王肖像的史实、逸事乃至传说,都被黄博熔为一炉,打破历时与共时,不限地域与疆界,叙事时空交错,如同一个个蒙太奇画面纷至沓来,让人目不暇接。有场景,有画外音。历史、文学、艺术的贯通解读,透过生动可感的叙事,传达了作者的认知。

长期以来,皇权研究是我的一个研究主题。对于中国古代皇权,从通史性的视野观察,我的基本认识是,伴随着行政制度的日臻完善,皇帝在很大程度上从行政长官的角色中脱出,皇权逐渐走向象征化。这部书通过大量史事讲述的宋代帝王肖像故事,多数正是体现了画像载体所带有的象征意义。"如朕亲临",这种由皇权带来的象征意义,在不同时期、不同场域、不同政治形势之下、不同的王朝体系之中,发挥着无可替代的重要作用。

君主不仅仅具有政治意义上的独裁,或者说与士大夫共治,皇帝制度还在一定程度上,为一个地域的民众乃至一个族群,带来了很大的向心力与凝聚力。西汉末年的赤眉军为何要拥戴一个刘姓的放牛娃?刘备为何要强调刘皇叔的身份?在书中,我们也屡屡看到这样的场面,战乱中,朝廷命官颠沛流离,自顾不暇,却还死死守护着皇帝的画像乃至牌位，这究竟是为什么？"象征"两个字，就是最好的行为诠释。

超越王朝，皇帝肖像还发散着文化意义。我们看书中所述，契丹辽朝的皇帝，是那么执着地希望索取宋朝皇帝的画像。在深层意义上，是不是也有契丹在汉化进程中对中原文明向化的因素在？

如同堪舆看风水一样，过去相面也是一种学问和文化。北宋的钱若水据说具有"人伦鉴"，一见王旦，就说有宰相器。这并非全是迷信算命，肯定有一定的根据。见真人如此，观画像也能看出几分隐微。不仅如俗语所说相由心生，一个人的经历，不可能不在面容上留下沧桑印记。人物肖像画，尽管强调逼真，其实也加进了作画者的写意。丹青难写是精神。如果在写实的前提下，传递出人物的精神特征，便使画像在形似的基础上又有了神似。元人题写《富春山居图》作者画家黄公望的画像时就这样写道："贫子骨头，吏员脏腑。"可见长期为吏的生涯，在黄公望身上打下了深深的烙印。本书比较太祖与太宗、孝宗与光宗的相貌异同，也有基于历史事实的精彩分析，这是对历史人物的大写意。黄博，也不乏"人伦鉴"。

黄博将此书定位为通识性普及读物，在我看来，这是一部严谨的学术著作。有关宋代皇帝画像的史料几乎搜罗殆尽。关于这一点，我在研究中接触到的一些史料，黄博几乎都写进了书里。比如跟皇帝的画像有关，赵抃曾上奏请求不要把仁宗画像送给辽朝；赵抃在知成都府时，又曾上奏要求崇光寺药师院建殿来安奉太祖像；还有关于宋高宗与吴越国王钱镠的传说等等。一斑窥豹，见微知著，可见此书在史料运用上几近完备无遗。可以确定的是，如果不是接受过严格的学术训练，是做不到这一点的。

"在字里行间肆意洒脱地编织一些从前不曾为人注意的历史片段，赋予它们可讲述的意义。"寻找散乱的珍珠，然后编成一条美丽的项链，既需要功夫，也要有巧思。于是，在黄博精致的操作之下，本书便达到了他的期待：于无聊处见有趣，于无情节处见故事，于无人问津处见激情。

激情灌注的一部学术著作，写得很通俗。不仅研究者可以从选题到史识接受广泛的启发，普通读者也不难从愉快的阅读中获得准确的历史知识。我一直主张，学者有义务走出象牙塔，将研究成果推广给大众，挤压戏说、胡说历史的存在空间。这部书打破学科畛域，严谨而不拘谨，随心所欲，行不逾矩，文笔灵动跳跃，读来畅快淋漓。一部学术著作，能够这样去表述，既是著者所爱，也为读者所喜。学术话语可以写得这样秀色鲜活，直让人亲近。

书不是日记，是写给人看的，所以无论是学术著作，还是通俗读物，可读性是第一要义。唯其可读，方能把作者的所述所思完整地传达给读者，方能像艺术品一样，让人把玩欣赏。史学著作尤其应当在信、达之上，强调一个雅字。即使是象牙塔，也须玲珑剔透。历史学的无用之用，才能得到完美的展现。此书的可读性值得赞赏，也值得同行借鉴。

瑞来兼任四川大学的讲座教授，在疫情之前，每年去成都时，都会跟川大的宋史研究同仁们有一次集体聚会，黄博、晓希夫妇亦参与其中。还曾在兰州宋史年会之后，同游敦煌。与二人是熟识的朋友。我知道黄博近年来一直专注于西藏历史研究，出版有好评颇多的《10-13世纪古格王国政治史研究》专著，以为他已经与宋史研究渐行渐远了，没想到以这部《如朕亲临：帝王肖像崇拜与宋代政治生活》重返故疆。横空出世，势将惊艳学界。

从构思到成型，这部书的问世，既不是出于作者的心血来潮，也不是来自突发奇想，应当是长期以来学而思的硕果。学是学术积累，思是深度思考。学术积累既有不经意的平素形成，也有刻意的寻求；深度思考则会把学术积累过程中产生的电光石火，集中在一个主题上聚变成耀眼的闪电。经过这样的积淀，最后以作者喜欢的形式，加上写作过程中的逻辑重构，实现了他的表述期待。这是我对黄博写作此书过程的一个推测，也不外是一部优秀的学术产品形成的共同路径。

现实中，人们或许很少有机会与著者推心置腹般地接近，但通过读书，则可以跟著者神交意会。生活中接触到的黄博，给我的印象是一个认真拘谨、还带有几分羞涩的本色书生。不过，读其书，是那样的兴味盎然。有铁马冰河，有晓风残月。活泼的网络新词应用得恰如其分，读来不时让人忍俊会心。文如其人，读《如朕亲临：帝王肖像崇拜与宋代政治生活》，我的一个意外收获则是，接触到了一个有趣的灵魂，深度地了解了黄博。寂寥书斋冷板凳，也有激情迸发。这部书，展现了学者的另一面相。

我很愿意将这部有趣的书连同一个有趣的灵魂，介绍给所有的朋友。

"在省去系统性的学理考察之后，以略带夸张的方式把学术思考的闪光点以'网文暴点'的方式呈现出来。一边从正史与野史中找寻各种宋代皇帝御容故事之种种，一边在辨析与解析相关人物和事件的过程中，以宋代帝王肖像的聚散离合为视角，重现宋代社会的历史风貌"。诚如后记所言,这样的写作,对于黄博来说,或许只是一个"全新的体验历史"的方法尝试。不过小试锋芒,便如此精彩。学术的田野很广阔,今后的开拓肯定会有更为丰硕的收获,期待黄博博士。

王瑞来

壬寅仲秋于日本千叶寓所

序二：史学的另一个责任

黄博的这本《如朕亲临》，我喜欢。

在后记中，黄博戏称《如朕亲临》是一本不全面、不系统、不深刻的"三无之作"，只能为读者在饭后茶余增加几点谈资，以博一笑。这样的想法，并不是全出于他的自谦，这在很大程度上是多年来过度社会科学化的现代历史学对史学从业者的误导所致。

当前我国的历史学科虽然深受传统史学的影响，却并不是它的自然延续，而是近代以来在西学影响下形成的一门新学问，其主旨也从传统的记述先贤史迹——也就是讲述祖先的故事，转向了社会科学式的对前人社会的解剖与分析。于是，丰富多彩的人类社会历史，在现代史家笔下就只剩下了性质、规律等一大堆生涩拗口的专业术语，以及常常与历史上人们生活相当隔阂的分析讨论。这样的研究工作虽然为我们深入理解历史社会所必不可少，极有价值，却也使得专业的史学论著远离一般的读者，成了专业人士的圈中之物。史学另一个同样重要的、向公众传递历史知识，提供怡情养性读物的功能，则被忽略了。以致黄博不得不遗憾地发现，他基于博士论文撰写的学术专著并不适合普通读者。同时，由于专业人士的缺位，当下图书市场上历史读物的总体水平有待提高,也就可以理解了。

专业人士对写作通俗读物的裹足不前,虽然在相当程度上是因为"科研"业绩考核制度影响了他们的积极性,有时力有所不逮,也是一个毋庸讳言的事实。笔下生花式的写作水平常常不如文学家,自不必说,很多于社会科学式研究无关的历史生活侧面,史学从业人员也未必能够充分掌握,长期专业训练养成的言必有据的习惯,又使得他们一旦下决心"不务正业"一番时,才发现自己不得不面临一个新的挑战。原来通俗读物也不是那么容易写的,必须自己先补补课。

事实上,讲故事有时对于"研究"是大有帮助的。就拿"秦始皇长得帅吗"这样看似无厘头的问题来讲,帝王"御容"是否威严撼人,必然与国家政治产生复杂关联,哪里只是个人长相问题?于是,在信息传播相当不便的传统时期,就不免形成一系列复杂的制度,来处理如何利用帝王"御容"这件事。黄博《如朕亲临》这本书所讨论的,关于"帝王肖像崇拜与宋代政治生活",就是一个可供进一步拓展、兼具学术性与通俗性的好议题。

《如朕亲临》挖掘了一个相当重要的历史生活侧面。坦率说,对于我本人而言,虽然从业于两宋史这个学术领域已有数十年,但其中不少内容仍然是新知识。黄博写作这本书,看似轻松洒脱,由于他早就关注这个议题,已经有了相当的积累,才能"还算酣畅痛快"地条析宋人关于"御容"的各种制度,梳理两宋帝王的"御容"绘制,从试图装扮神仙,到努力出演先贤圣人"哲人王"的角色转变,用轻快的笔调,在横与纵两个维度上绘制出了一幅前人不太关注的历史场景,讲述了许多有趣的历史故事,丰富了我们对它的理解。

如果一定要吹毛求疵,作者围绕制度性的议题来谋篇布局,展开叙述，相关内容前溯后探，在相关各章节之间，有时令人略有时间线索跳跃之感。可见作者与读者在思路上如何做到更加吻合，并不是一件容易的事情。

也正从这一层面来讲，广大读者可能也需要调整对合格历史读物的期待值，放下对类似于演义、戏说以及当下风行的历史穿越剧式的期待，去追求更有意义的历史真实。

当然，对于史学从业人员而言，抛弃偏见，认识历史读物的意义，修炼功力，努力写出更多合格的、能够将读者从碎片化、虚幻化"历史"读物中吸引过来的作品，则是我们的责任。

包伟民

二〇二二年十月五日于杭州小和山

楔子

相见难

如朕亲临

嘉祐二年（1057）九月，北宋都城开封迎来了一批姓名不详的契丹使臣，此行他们带着一个特殊的使命而来。

自澶渊之盟后，宋辽双方交好已逾半个世纪，交聘往还，年年都有，已属稀松平常，尤其是最近几年，双方来往频繁，亲如一家。两年前，即至和二年（1055）八月，在位二十多年的辽兴宗崩逝，兴宗的长子耶律洪基即位于枢前，是为辽道宗。当月，宋朝边境的雄州就接到这一消息，不等契丹的正式通告，宋廷就立即组建了使团，准备前往致意，任命了大文学家欧阳修为"贺契丹登宝位使"，兵部郎中吕公弼为"契丹祭奠使"，工部郎中李参为"契丹吊慰使"。

使团此行一方面对契丹新遭的国丧表示哀悼和慰问，另一方面也对辽道宗的即位予以祝贺。仁宗还特意下旨为辽兴宗之丧，辍朝七日，并让宋朝与契丹交界的河北、河东州郡在丧期内，不得大搞娱乐活动，以示对契丹举国丧痛的感同身受。次月，契丹告哀使才到开封，通报了兴宗之丧。仁宗甚至亲自穿上丧服为辽兴宗举行了哀礼，宰相带领着群臣也前来慰问如仪，双方感情之融洽，可见一斑。[1]

---

[1] [宋]李焘:《续资治通鉴长编》卷184,中华书局,2004年,第4366页。

但这次契丹使臣的来意，却有些令仁宗为难。契丹使臣随行带来了新君辽道宗的画像打算送给宋仁宗，同时也提出想要换得一幅宋仁宗的画像带回契丹，即双方互相交换各自皇帝的画像。[①]契丹人为什么会突然生出这个奇怪的要求，而宋仁宗又该如何应对呢？

后人往往以为宋代文化繁荣，而契丹不过长于游牧射猎，恐怕未必能有什么文艺生活。然契丹虽兴起于北国草原，但其立国还早于北宋，且承唐末五代以来好尚文艺的传统，诗词歌赋，丹青妙笔，也足以夸耀于世。契丹的人物画水平，在当时堪为一绝。契丹在建国之初，即有描绘帝王的形象加以展示的习惯。早在938年，辽太宗耶律德光就曾下诏修建一座名叫"日月四时堂"的建筑，在日月四时堂的两庑之间"图写古帝王事"，即把古代帝王故事画在廊屋两侧以供人们观摩。[②]

辽太祖阿保机的长子，也是辽太宗的长兄东丹王耶律倍，即是五代有名的人物画家，他以异国皇子的身份驰名宋代画坛，《宣和画谱》称扬他特别喜爱画画，且大多描绘的是契丹贵族、酋长的形象，这些人物大多以粗犷之气给人以强烈的视觉冲击，出场人物往往"袖戈挟弹，牵黄臂苍"，不以中原衣冠礼服示人，而是"服用皆缦胡之缨"，以"鞍勒瑰奇"眩人眼球。[③]传世名画《东丹王出行图》据说即出自他的手笔。画末有一身着黄袍、头戴小冠、面色凝重的中年人，即是他的自画像（见图1）。

①　[宋]李埴撰,燕永成校正:《皇宋十朝纲要校正》卷6,中华书局,2013年,第220页。

②　[元]脱脱等:《辽史》(修订本)卷4,中华书局,2016年,第48页。

③　《宣和画谱》卷8。

画中人物既传神，又写真，不仅须发纤毫毕现，五官也栩栩如生，但却神色黯然，惆怅满腹，颇与他流落中原的落难王子身份相映成趣。

图1 《东丹王出行图》局部 耶律倍骑马像　美国波士顿美术馆藏

耶律倍虽然与辽国的皇位失之交臂，且一生颠沛流离，最后死于乱军之中，但后来的大辽皇帝，几乎都是他的子孙。947年，辽太宗耶律德光在南征灭后晋的撤军途中突然崩殂，耶律倍的长子永康王兀欲当时正随侍军中，被诸军拥立为帝，是为辽世宗。辽世宗即位后，立即将他追尊为皇帝，号"让国皇帝"，为耶律倍营建了皇陵，号为"显陵"，在陵中设置了"影殿"，供奉耶律倍的画像，岁时祭奠，又在东京辽阳府的宫墙北侧修建了一座专门供奉其父耶律倍画像的"御容殿"。①

契丹人对皇帝的崇拜，很早就有了"偶像"的需求，辽太宗本人就曾经令人绘制过他的父皇辽太祖阿保机的画像。

947年辽太宗南下灭后晋，建号"大辽"，为向契丹各部宣耀自己的功绩，修建了一座大寺——天雄寺，寺中除了供奉佛像以外，还有一幅阿保机的画像。②在1057年遣使北宋求取宋仁宗的画像前，对于皇帝的画像，契丹已有一整套的御容绘制、供奉和祭礼仪制。史料显示，契丹人在祭礼皇帝时，常常绘制御容，立庙以祀。在其五京，修建了一系列的御容殿以祭祀契丹的历代皇帝。

如在中京大定府（城址在今内蒙古赤峰市宁城县天义镇境内）有辽景宗和承天皇后萧氏的帝后合一的御容殿一座，南京析津府（今北京）则有辽景宗、辽圣宗的御容殿各一座。③契丹建国之初，就很注重培养和招纳绘画人才，朝廷中专门设置有"翰林画院"。契丹画家的人物画，有着强烈的写实风格，写真摹形的技法一流，时至今日，上至帝王陵墓，下至达官贵人的墓葬中都有许多精美的肖像画。比如辽庆

---

① 《续文献通考》卷80，商务印书馆，1936年，第3502页。

② [元]释觉岸：《释氏稽古略》卷3，江苏广陵古籍刻印社，1992年，第394页。

③ 《续文献通考》卷80，第3502页。

图2 契丹人物肖像 辽庆陵墓室壁画

陵的这幅壁画（见图2），凛然如在目前。

所以辽道宗甫一即位，便有了自己的画像，其实并不特别。有意思的是，契丹人不但想要知道自己的皇帝长什么样子，也好奇宋朝皇帝的长相。澶渊之盟后，宋辽两国交往十分密切，双方皇帝是真的"神交"已久，每逢元旦岁时节日以及双方皇帝的生辰、国丧、新君即位，都会遣使致意，犹如"老朋友"，但古代不比现代，双方最高领导不可能举行会晤，想要见上一面，自是难如登天。辽兴宗与宋仁宗差不多同时即位，两位皇帝一起度过了二十多年的太平时光，竟始终无法见上一面，不免留下很大的遗憾。

据说，至和元年①（1054），宋方的大臣王拱辰奉命出使契丹，辽

---

① 《梦溪笔谈》原文为庆历年间（1041—1048），按《长编》及《王拱辰墓志》，王拱辰出使契丹当在至和元年，沈括显然记错了时间。

兴宗在混同江设宴款待宋使，酒足饭饱之后，又一起在江边看钩鱼（契丹渔猎的一种方式），双方都玩得很高兴。王拱辰临走前，辽兴宗又请他喝酒，席间兴宗非常真诚地说："南北两国修好多年，朕最大的遗憾是不得亲见南朝皇帝大哥（指宋仁宗），想托爱卿带一杯酒回南朝。"说罢，辽兴宗站了起来，亲自斟了一杯酒递给王拱辰，一起举杯祝南朝皇帝千秋万岁，并且还欢快地弹起了琵琶。[①]这大概是辽兴宗首次公开表示想与宋仁宗见面，显然他也知道，这个想法不现实，只能遥相举杯，隔空对饮。

其实，早在一年之前，辽兴宗就想到了一个两国皇帝会晤的变通方案。

皇祐五年（1053）十二月，辽兴宗对臣下表示："朕与宋朝皇帝约为兄弟，欢好岁久，欲见其绘像，可以把朕的这个想法给即将前来庆祝元旦的宋使说说。"[②]辽兴宗最初可能想让宋朝主动一点，因为我已经首先表达了对你们皇帝的思念之情，你们应该主动把宋仁宗的画像送过来，不过，宋朝方面好像对此不太感兴趣。于是，面对宋人如此的不解风情，辽兴宗在临终前，不得不再次派遣使者入宋，先把自己的画像送给了宋仁宗。

宋朝方面的史料记载，至和二年（1055）四月，辽兴宗派保安军节度使、左监门卫上将军耶律防等人入宋，"来贺乾元节"，即祝贺宋仁宗的生日，并送上"契丹主绘像"。辽使送上自己皇帝的画像，是为了向宋朝求取一幅宋仁宗的画像，并且特地解释说，辽兴宗此举是想

---

① [宋]沈括：《梦溪笔谈》卷25。
②《辽史》卷20，第280页。

通过交换各自皇帝画像的方式"以代相见",来一场"如朕亲临"的虚拟会晤,以便进一步加深两位皇帝间的"兄弟感情"。[①]对此,宋朝群臣在内部经过一番讨论后决定把仁宗的画像送给辽兴宗,以慰其思念之情。

可惜辽兴宗并没有等到宋朝把仁宗御容送来,就撒手人寰,相识二十多年的两位"老朋友"终究是相交一场,却始终缘悭一面。

不过事情可能也没有那么悲观,虽然辽兴宗并没有从正式渠道获得宋仁宗的画像,但很可能已从"非法"的渠道得到了宋仁宗的御容。因为此次契丹使臣耶律防是一位人物画的高手,他此行目的就是来"偷画"宋仁宗的御容。此秘密任务还是当时契丹另一位大名鼎鼎的使臣刘六符透露出来的。刘六符在庆历二年(1042)曾出使宋朝,以声言向宋朝索取十县土地的办法,大敲宋朝的竹杠,宋朝最后不得不同意契丹增加岁币的要求,从此一战成名。

此后他大概是有些得意忘形了,皇祐三年(1051)八月,辽兴宗生日时,宋朝派出工部郎中、知制诰、史馆修撰兼侍讲王洙前往祝寿,当宋使抵达契丹境内的"鞲淀"时,刘六符奉命前来迎请,并设宴款待宋使,他竟然在宴席上对王洙说,你们恐怕不知道耶律防很会画画哟,此前他出使宋朝时,曾偷偷画下了仁宗的"圣容"带回契丹。他还当场建议把耶律防偷画的仁宗画像,拿到宋使下榻的招待所请王洙鉴赏,被王洙婉言谢绝了。

王洙严正表态说:"这里不是瞻拜我朝皇帝御容的地方。"接着刘六符甚至更过分地说,这幅仁宗的画像恐怕画得不像,打算再派耶律

---

① 《长编》卷179,第4329页。

防去一趟开封，再画一次，王洙听罢，只得严词劝阻。[1]可见，辽兴宗派耶律防使宋求取仁宗御容，是有两手准备的，如果不能从宋朝官方途径拿到御容，凭耶律防的画技也可以暗中画一幅回来。

不过，在官方层面，由于无法亲自会晤，也没有及时得到宋朝送来的仁宗画像，宋辽两国皇帝确实是连对方长什么样子都不知道的。

有鉴于此，辽道宗在即位两年后就派出使臣入宋，提出了交换两国皇帝画像的请求，道宗此举大概是为了替自己的父皇弥补遗憾吧！宋仁宗收到这个请求后，一时拿不定主意，下旨让群臣商量办法，大臣们担心把皇帝的画像送给契丹会有潜在的风险，如拿到画像后，去作一些"厌胜之术"，诅咒皇帝，那就会危害到皇帝的人身安全。厌胜术在中古时代相当流行，但作为邪术，往往也遭到朝廷的严厉禁止，唐代就有立法打击厌胜行为。

不过古人相信厌胜术的施行，必须要有所凭借，《唐律疏议》解释，厌胜术的方法很多，具体操作则往往不能详知，但大体上可分成两步，首先给诅咒的对象"图画形象"或"刻作人身"，然后在人物的"画像"或"人偶"上，"刺心钉眼"或"系缚手足"，颇似后世民间所谓的"打小人"。可见，大臣们的担心也不无道理，把仁宗的画像送给契丹，岂不是正好给契丹人提供了施行厌胜术的必备条件了吗！

除了害怕获得宋仁宗画像后去行"厌胜术"，也有大臣担心被契丹戏弄。听闻契丹使臣向宋廷求取仁宗御容后，时任殿中侍御史的赵抃立即给仁宗上了一道奏疏，在写给仁宗的《乞不许虏使传今上圣容状》中，赵抃说，他听说此事后，日思夜想，觉得"大为不可"。他认为南

---

[1]《宋史》卷294，第9815页。

北和好才不过五十年,宋朝已经给契丹太多的东西了,给钱给物就算了,现在契丹人居然还想要代表中原正统的"华夏礼法",前几年派人来"借乐谱",今年又来求御容,不知道他们又要玩什么把戏。何况求取御容一事,在正式的国书中并没有一字提及,只是契丹使者的口头转述,是真是假还不一定,所以千万不能答应,免得契丹觉得我们好欺负。①

赵抃的反应显然过于偏激,契丹"借乐谱"反映的是对中原文化的向往;求御容,是想加强两国皇帝的兄弟感情。赵抃的心态,可以说是宋辽关系中"讲金不讲心"的典型,这些人往往带有自我中心主义的盲目自大。在他们看来,宋朝打仗不行,不得不花钱买和平,你契丹有钱收就行了,想跟我讲感情、谈文化,你还不配!辽兴宗的一番好意,真成了"我本将心向明月,奈何明月照沟渠"了。

《宋史》记载,赵抃平日超尘脱俗,常以"一琴一鹤自随",可他对待契丹求取仁宗画像的偏激心态,却真是焚琴煮鹤,大煞风景。

当然,宋朝大臣中也有明白人,欧阳修就给仁宗说,契丹与宋朝通盟多年,辽兴宗即位后一直非常看重两国的和好关系,且人家诚意满满,契丹使臣前来,有时除了正式的国书,还带有兴宗写给仁宗的"家书",后来又想一睹仁宗的画像,人家诚心诚意想跟我们交朋友,我们却不相信他,这是有违信义的。希望仁宗能够"出于独断",不要受他人蛊惑,千万不要"沮其善意",因为这点小事破坏了双方的友好情谊,实属得不偿失。②

---

① [宋]赵抃:《乞不许虏使传今上圣容状》,《全宋文》第41册,上海辞书出版社/安徽教育出版社,2006年,第148页。

② [宋]欧阳修:《论契丹求御容札子》,《全宋文》第32册,第256页。

对大臣们的争论，仁宗经过一番思虑之后，还是同意了契丹使臣的请求。《皇宋十朝纲要》记载，契丹使臣是嘉祐二年（1057）九月庚子日（二十七日）来的，《长编》没有记载契丹使臣的"来日"，只在十月己酉日（六日），记载当日仁宗下旨任命翰林学士兼侍读学士、工部郎中、知制诰、史馆修撰胡宿为"回谢契丹使"，同时答应把仁宗的画像送给契丹，约定等下次庆贺元旦的使臣前往契丹时，会把仁宗的画像放在衣箱里带过去。①

看来，仁宗在考虑了七八天以后，还是满足了辽道宗的愿望。仁宗之所以最后还是同意了契丹使臣的请求，据《邵氏闻见后录》的记载，是出于帝王的自信。仁宗在大臣们议论之后，一锤定音地说道："我对他们这么好，他们肯定不会把我的画像拿去做坏事儿。"②

仁宗此举，大大地彰显了他的帝王风度，宋人的"野史"中更是大肆描写了仁宗御容进入契丹的盛况——仁宗以真正的帝王之气，征服了"蛮夷之君"。

据说，这次宋朝派遣御史中丞张昇前往契丹赠送仁宗的画像，辽道宗带着盛装的仪仗队，亲自出宫相迎，当见到宋仁宗御容的那一刻，辽道宗被征服了，脸上露出了既震惊又严肃的表情，当即对着仁宗的画像拜了两拜。然后对身边的手下们说："这位才是真的圣主啊！我若是生在中原，最多只配在他身边当个负责打杂的都虞候，为他执鞭捧盖足矣！"③宋仁宗的画像具有如此震慑人心的魔力，恐怕只是宋人坊间流传的一厢情愿的"神话"罢了。

---

①《长编》卷186，第4492页。

②［宋］邵博：《邵氏闻见后录》卷1，中华书局，1983年，第4页。

③［宋］邵博：《邵氏闻见后录》卷1，第4页。

图3　宋仁宗御容　台北故宫博物院藏

　　上述这个故事出自《邵氏闻见后录》，不见于之前所引的正史如《长编》《宋史》等书，且《长编》的小注特别注明，这个故事的原型最早来自张唐英的说法。李焘考证故事中的细节发现，这次负责送仁宗画像去契丹的根本不是张昪而是另有其人，因此这个故事的真实性其实是很值得怀疑的。①但这个故事却又是宋人所喜闻乐见的，因为他们更愿意相信，天下虽然有两个皇帝，但只有自己的皇帝才是真正的

---

①《长编》卷186，第4492页。

皇帝！

仁宗御容后世尚可得见，其相貌气度，当然是仁者见仁，智者见智（见图3），但是否可以以其帝王之相折服契丹人？回答显然是否定的。

巧的是，嘉祐二年（1057）宋辽互换御容之际，契丹方面可能已经从别的渠道拥有了宋仁宗的画像。《辽史》记载，清宁年间（1055—1064），辽道宗曾派遣契丹最善于"写真"的画家耶律裹履出使宋朝。史称耶律裹履"风神爽秀，工于画"，他曾经与辽圣宗的次女秦晋长公主的孙女订有婚约，但这位公主孙女的母亲与公主的一个侍婢有仇，她对耶律裹履说："你要是能把这个贱婢除掉，我就允许你们成婚。"耶律裹履求婚心切，竟然真的用计把这个婢女杀了。

事情败露后，他被判了死刑，这时耶律裹履画了一幅辽圣宗的画像献给辽兴宗，兴宗见到已经逝去多年的父皇出现在眼前，大受触动，竟然免去了他的死罪，后来还因为他擅长"写真"的神技，提拔他为"同知南院宣徽事"，负责御前服务诸事。辽道宗即位后，他奉命出使宋朝，宋仁宗设宴款待了他。他本来是有机会仔细端详仁宗相貌的，可惜席间仁宗的脸一直被御座前的一个花瓶挡着，使他无法看清仁宗的长相，直到宴会完毕，起身告辞之际，他才有机会看了仁宗一眼。

就这一眼，他就默默记住了仁宗相貌，在返程途中边走边画，待到了宋辽边境上，一幅仁宗的"写真"就画好了。这时他把仁宗的画像拿出来给宋方饯行的人看，在场的宋人见到仁宗的画像时简直惊呆了——"骇其神妙"。[1] 显然，在这个故事中，不是仁宗的画像征服了契丹使者，相反，是契丹使者以其鬼斧神工般的高超画技折服了宋人。

---

[1]《辽史》卷86，第1458页。

以上的故事反映了宋辽之间的御容往还，既有兄弟之间相见恨晚式的温情脉脉的一面，也有对手之间一比高下式的暗中较劲的一面。从中也可以看到，皇帝的画像，并不是一般的画作，而是附加了神圣价值的艺术瑰宝，它在一定程度上可以代替天各一方的两位皇帝的见面会晤，更在这种"见画如面"的过程中竞争天命。

有意思的是，辽道宗对宋朝皇帝的画像似乎特别感兴趣。

《契丹国志》记载，辽道宗清宁十年（1064），即宋仁宗崩逝的次年，宋英宗即位改元的当年，辽道宗派遣十年前曾经前来求取宋仁宗画像的使臣耶律防再次入宋，这次求取的是宋真宗和宋仁宗两代皇帝的画像。有了仁宗之前的先例，英宗倒是没有多少犹疑就答应了。派出以右谏议大夫、权御史中丞张昇为"回谢使"的代表团护送真宗和仁宗的画像前往契丹，辽道宗获得宋真宗和宋仁宗的画像后，特地把宋朝二帝的御容移置到庆州供奉起来。①

庆州属上京道，治所在察罕城（今内蒙古巴林右旗西北察干木伦河源的白塔子），辽圣宗曾经驻跸庆州境内的庆云山，见此地风光秀丽，爱羡不已，对同行的大臣说道："吾万岁后，当葬此。"后来其子辽兴宗即位后，遵照圣宗的遗命，将其安葬于此，并在这里修建了圣宗的陵墓——"永庆陵"。为祭祀辽圣宗，兴宗还在永庆陵附近修建了一座御容殿，应该就是专门供奉辽圣宗画像并举行祭奠仪式的地方。②

开启宋辽两国百年和好的澶渊之盟，就是辽圣宗和宋真宗一起缔结的，两国皇帝也第一次约为兄弟，可以说，宋辽关系史上最具有划

---

① [宋]叶隆礼：《契丹国志》卷9，上海古籍出版社，第88页。
②《辽史》卷37，第502页。

时代意义的一对兄弟，就是他们二人了。

跟辽兴宗和宋仁宗做了二十多年兄弟，却至死未能相见不同，辽圣宗与宋真宗这对兄弟，有可能是见过面的。统和二十二年（1004）契丹大举南下，辽圣宗跟随承天太后萧氏随军南下，《辽史》记载，当年十一月壬申日（二十二日），辽圣宗进抵澶渊城下，当日契丹统军大将萧挞凛（宋朝常见译名为"萧挞览"）被宋军的床弩一箭爆头，当场毙命，宋军因此士气大振。[1]

宋朝方面的史料则显示，四天之后的丙子日（二十六日），号称"亲征"的宋真宗，在宰相寇准、禁军大将高琼的簇拥下，北上进驻澶州，登上了澶州北城的门楼。这是宋人眼中真宗一生中最高光的时刻，当然，真宗自己的真实感受也许刚刚相反，事后回想起这次以万乘之尊被迫亲涉险地的窘境，他是不寒而栗的。当代表皇帝亲临的黄龙旗在城楼上迎风飘扬，城下的宋军将士见到黄旗招展，"皆呼万岁，声闻数十里"。

宋真宗出现在澶州城头的举动，使宋军"气势百倍"，而契丹军士却大受震动，"相视怖骇"，契丹人被宋军的气势震慑住了，就此打消了与宋军硬拼的念头。[2]事后双方开始了议和的接触，并在次月达成了著名的澶渊之盟。当然，澶渊之盟的达成，是由双方的使节往还实现的，辽圣宗与宋真宗并没有过正式的会晤。但结合宋辽双方的史料，可以肯定地说，当十一月二十六日宋真宗登上澶州北城门楼之际，辽圣宗正在澶州城外契丹的围城大军之中，他应当是可以远远地一睹宋

---

①《辽史》卷 14，第 174 页。

②《长编》卷 58，第 1287 页。

图4 宋真宗御容 台北故宫博物院藏

真宗的风采的吧!

这可能是宋辽两国皇帝第一次,也是唯一的一次见面。

辽圣宗与宋真宗既然有此渊源,则不难理解,他的孙子辽道宗为什么会在得到宋真宗的画像以后,将真宗的御容移送到庆州安置了。《契丹国志》的记载补充了重熙二十四年(1055)那次契丹使臣请求宋仁宗画像的细节,当时辽兴宗以其父皇辽圣宗和自己的画像一共两轴命使者带往开封,想以己方二帝的画像换取宋朝真宗和仁宗两位皇帝的画像,并对宋人说:"两国皇帝一直想见上一面而不可得,所以来请求贵国皇帝的画像，满足见上一面的心愿"。①

宋真宗的画像，应该是被安放到了庆州永庆陵辽圣宗的御容殿中，让这两位宋辽之间的第一对"兄弟皇帝"，在九泉之下能够正式相见。庆州的永庆陵建筑规模应该相当可观，为了给辽圣宗守陵，契丹朝廷在这里设置了"蕃、汉守陵三千户"，即安排了契丹人、汉人在内的蕃汉各族人民三千家生活在这里守卫皇陵，这些人户直接隶属于"大内都总管司"，可算是在外的宫中人。②

按《契丹国志》的说法，宋真宗和宋仁宗的画像被供奉在庆州后，每天晚上都有"宫人"负责对宋真宗和宋仁宗的御容进行清洁整理，而且每逢初一、十五献上食物以为供品，最后等供食完毕之后，宫人们会登上祭台，将供品烧掉，契丹人把这样的祭祀活动称之为"烧饭"。据说"烧饭"之祭，是契丹人用来祭祀上天和祖宗的礼仪，而宋真宗和宋仁宗的画像能够得到如此待遇，足见契丹人对大宋皇帝的由衷敬重。③

当然，在宋人的笔下，契丹皇帝对宋仁宗画像的供奉和敬重，并非是对"画作"本身的看重，而是对宋仁宗"为君之道"的敬服。

《邵氏闻见录》记载，辽道宗在元祐年间（1086—1094）曾对宋朝的使臣说："寡人年轻的时候，对待贵国多有礼数不周之处，但却得到你们的仁宗皇帝加意优容（还把他的画像赠送予我），深感无以为报。自从仁宗升天之后，我大辽供奉仁宗的画像，礼数就跟对我朝自己的祖宗一样。"说完之后，辽道宗还大哭了起来。辽道宗还给宋使讲了自

① ［宋］叶隆礼：《契丹国志》卷9，第89页。

② 《辽史》卷37，第502页。

③ ［宋］叶隆礼：《契丹国志》卷9，第88—89页。

己年轻时的一段往事。原来辽道宗当太子的时候，曾经混在契丹入宋的使团之中，打算到宋朝皇宫来个微服潜行，但这事儿被宋朝边境重镇"雄州"的谍报机构提前侦知并上报给了宋仁宗。

辽道宗随使团入宋之后，宋仁宗不但没有怪罪他的无礼，反而把他"召入禁中"，而且仁宗本人和皇后还一起热情地招待了辽道宗。临别之际，仁宗还安抚他道："朕和你是一家人啊，以后你当了皇帝，一定要时时刻刻想着两国的盟好关系，心里要装着天下的苍生。"①此时离宋仁宗去世已近三十年，辽道宗回忆起宋仁宗来还是那么激动，他的这番表演，自然让宋人感动不已。而且照此看来，宋仁宗与辽道宗也不再是隔空神交，而是在私下早就见过面的了。

这个故事太过离奇，到底有几分是真的，还真不好说。不过，要说这个故事完全是假的，也很难说，因为其中并无明显破绽。

辽道宗生于景福二年（1032），在辽兴宗晚年早已成年，这时混入契丹使团来到宋廷，倒是有这个能力。虽然辽兴宗因为皇太弟耶律重元的关系②，使得辽道宗在即位前一直没有被正式册立为"皇太子"，但辽道宗从重熙二十一年（1052）起就以"燕赵国王""天下兵马大元帅"的身份参预朝政③，是事实上的皇位继承人，契丹人和宋人俗称其为太子，也无可厚非。

不过更有意思的是，如果《邵氏闻见录》所记的这个故事为真，

①［宋］邵伯温:《邵氏闻见录》卷2，中华书局，1983年，第16页。

②耶律重元为辽兴宗同母弟，兴宗即位之初，钦哀太后萧氏为便于专权，企图废黜兴宗拥立耶律重元为帝，幸得耶律重元揭发其阴谋，兴宗才得以保住皇位，事后兴宗封其为皇太弟，并许以千秋万岁后传位于耶律重元，造成了兴宗一朝在皇位继承人问题上的尴尬。

③《辽史》卷21，第285页。

则此前《邵氏闻见后录》所讲述的那个仁宗画像的帝王气度征服辽道宗的故事则必定是假的，因为如果辽道宗早就和宋仁宗在开封皇宫中已有一面之缘的话，那他自然不会在收到宋使送来的宋仁宗画像时，一见惊为天人，失态下拜了。如此说来，讲这两个故事的邵氏父子，必有一人在说谎！

虽然上述的几个故事，真假难辨，但真正的问题是：宋人为什么会不遗余力地在宋辽交往中去讲述宋仁宗的"御容故事"呢？

事实上，对辽朝和宋朝而言，御容是否能够展现出帝王气度，真的会影响国运。宣和初年（1119），宋朝安插在辽朝的探子回报说："辽天祚帝的形貌有亡国之相。"这时朝中有一个名叫陈尧臣的画家，"善丹青"，而且特别擅长人物画，以绘画登科，出任画学学校的校长——"画学正"。宋徽宗时设置了专门培养绘画人才的"画学"，其中还设有人物画专科，招收画学生，除了兼习一些儒家经典之外，主要是培训绘画技法和气韵，当时对画学生的考核标准是"以不仿前人，而物之情态形色俱若自然，笔韵高简为工"[1]，陈尧臣能当上画学正，画技自当一流。

宰相王黼将他推荐给宋徽宗，徽宗于是交给陈尧臣一个特别的任务，让他去偷绘辽天祚帝的画像。

在王黼的安排下，陈尧臣被提拔为水部员外郎，享受"尚书"待遇，作为宋朝的使节前往辽朝。陈尧臣此行还带着两个"画学生"一起出使，作为他绘画的助手，在这个过程中他当然有近距离接触辽天祚帝的机会，于是"绘天祚像以归"。回到开封后，他拿着画好的辽天

---

① ［元］脱脱等：《宋史》卷157，中华书局，1977年，第3688页。

祚帝像去见宋徽宗,并说:"天祚帝看上去就没有个皇帝的样儿,臣已经画好他的画像呈进陛下。如果从天祚帝的面相上看,辽朝亡国只在旦夕之间,请陛下赶快趁此机会出兵进攻辽朝。兼并弱小,现在正是时候!"

宋徽宗听罢大喜,由此坚定了他攻灭辽朝、收复燕云的决心,史称徽宗拿到天祚帝的画像后,"燕、云之役遂决"。①

好玩的是,辽天祚帝的相貌,似乎从小就缺乏王者气度。早在三十年前的元祐四年(1089),当时辽朝的皇帝还是辽道宗,而宋朝的皇帝则是宋徽宗的兄长宋哲宗,那一年苏辙以权吏部尚书之职出使辽朝,庆贺辽道宗的生日。回国后他在给哲宗汇报辽朝的情况时说,"北朝皇帝"今年已六十岁,但行动如常,能吃能喝。蕃汉各族人民休养生息,人人安居乐业,群臣上下都希望辽宋两朝能够永葆和好。所以苏辙判断,"北朝皇帝若无恙,北边可保无事"。

但此时苏辙心中也有一些隐忧,就是辽道宗的皇孙、事实上的皇位继承人燕王耶律延禧(即天祚帝),"骨气凡弱,瞻视不正",看起来没啥帝王气象,纯属穿上龙袍不像太子,没法跟他的祖父比。虽然他"心似向汉",有跟宋朝继续保持和好关系的想法,但他当上辽朝皇帝以后,不知道能不能"弹压蕃汉,保其禄位"。②苏辙真是个神预言家,辽天祚帝即位后,真的是内有女真起兵造反,外有宋朝趁火打劫,的确在"蕃汉"联手下亡了国。

奇妙的是,"亡国之君"宋徽宗竟在看了辽天祚帝的画像后窃喜

---

① [宋]王明清撰,田松清点校:《挥麈录·后录》卷4,上海古籍出版社,2012年,第80页。
② [宋]苏辙:《论北朝政事大略》,《全宋文》,第94册,第360页。

"对手"有"亡国之相"，而其实他自己在这方面也不遑多让。

在宋人的故事中，宋徽宗的亡国之迹，恰恰缘于其父多看了一眼另一位亡国之君李煜的画像。据说宋神宗有一次参访收藏图籍的秘书省，看到南唐亡国之君"江南李后主"的画像，见到世上还有长相如此端正雅致之人，惊为天人，"再三叹讶"。日有所思，夜有所梦，当徽宗出生的时候，神宗正好在梦中与李煜相见，李煜在徽宗出生时前来，似在暗示徽宗正是李煜的投胎转世，世人相信徽宗之所以"文采风流过李主百倍"就是因为这个缘故。①

这当然是后人的附会之辞，不足为信，不过其中也反映出舆论对于宋徽宗有着比较浓厚的亡国之相的想象。

辽天祚帝的长相，我们不得而知，但宋徽宗的传世御容倒是留有一些。徽宗朝是两宋绘画艺术的高峰，宫廷中有许多擅长人物画的画师，如朱渐，宣和年间奉命绘制了"六殿御容"，其"写真"之技，非但传神，简直可以"夺神"，世称不到三十岁，不要去请"朱待诏"为自己画像，因为他画得太像，恐其夺尽被画者的精气。②

拥有一流的宫廷画师的服务，徽宗的传世画像，可谓形神兼备。台北故宫博物院收藏的"宋徽宗御容"（见图6），徽宗以侧面示人，神态闲淡，端丽儒雅，气质上温润如玉，这大概是徽宗作为皇帝的标准像，可谓书生风采有余，而帝王霸气不足。而另一幅传世名画《听琴图》（见图5）中，徽宗再次出镜，虽然也是侧面示人，但这幅画像中的徽宗，年纪稍大，已有中老年人光景，却神色凝重，目光深邃，给

---

① ［宋］张端义：《贵耳集》卷中。
② ［宋］邓椿：《画继》，人民美术出版社，1963年，第78页。

图5 《听琴图》局部 故宫博物院藏

图6　宋徽宗御容局部
台北故宫博物院藏

图7　《听琴图》中的宋徽宗
故宫博物院藏

人以深不可测的威重感（见图7）。

　　比起身着宋代帝王礼服正襟危坐的徽宗御容像，《听琴图》中身穿道袍、闲坐弹琴的宋徽宗，明显更有帝王之气。这大概是因为，台北故宫博物院的徽宗御容，作为宋代帝后御容的标准像，应该更为"写实"，而《听琴图》中的相貌，则是徽宗给自己开了"圣王滤镜"的结果。《听琴图》的作者，现在颇有争议，但无论是否是徽宗亲笔，此画无疑都是在他亲自指导下完成的，寄托的是他的圣王理想，画中徽宗的相貌自然更有帝王之气了。

　　需要注意的是，在《听琴图》中，徽宗并不是想要展现自己是一个"文艺爱好者"。他在图中占据了最显眼的"C位"，若有所思地弹着琴，而听琴的大臣不但被他的琴音所吸引，甚至听得出神，意味着在注重文治的宋朝，皇帝终于把文化权力从士大夫的手上抢了回来。在这幅图中，以文艺才能起家的士大夫，现在竟然不得不全神贯注地欣赏起皇帝的琴技了。在这个场景中，徽宗运用的是自己内在散发出来的吸引力，让臣下心悦诚服的;他不再需要那些外在的力量了,不再需要穿戴整齐的皇帝礼服去震慑群臣,他头戴小冠、道袍在身,仍然气场十足。

当然,只是在画中,他终于成功扮演了一回"内圣外王""君师合一"的三代圣王形象。因此,在徽宗看来,他在文艺上的天纵之能,正是上天赋予他可以"文致太平"的最好证明。①

是的,宋徽宗也是一个有理想、有追求的皇帝,他虽然是一个昏君,却并不是只知道写字、画画的那种"傻白甜"式的昏君。

他的文艺爱好大多饱含着巨大的政治野心,在文艺天赋的加持下,他自认为已经成功地实现了"文致太平",现在只剩下"武定乾坤"的事业了。所以,徽宗不是胸无大志的李煜,而是"低配版"的秦皇汉武,只是他的能力配不上他的野心罢了。试想一下,一个真的玩物丧志的皇帝,怎么会有"勇气"去联金灭辽,收复燕云呢!

令人意想不到的是,宋徽宗的悲剧命运居然是因为"偷看"了辽天祚帝的画像,在看过辽天祚帝的"尊容"后,他踌躇满志地走上了背弃宋辽百年交情的不归路,联合新兴的金朝发动了收复燕云之役。其结果当然众所周知:他的背信弃盟之举,葬送了两个王朝,也开启了宋代皇帝御容肖像颠沛流离的新故事。

---

① 关于徽宗的圣王理想,参见 Peter K. Bol, "Whither the Emperor? Emperor Huizong, the New Policies, and the Tang-Song Transition", Journal of Song-Yuan Studies, No.31, 2001, pp.103-134

第一章

背起『太宗』去投河

如朕亲临

靖康元年（1126）九月初三，坚守了255天的太原城终于陷落，城破之日，与金军奋战了九个多月的太原宋军主将王禀见大势已去，和儿子一起背着宋太宗的"御容"画像跳入汾河之中自杀殉国。[①]

王禀为童贯部将，宣和七年（1125）十二月，童贯听到金朝大军向太原扑来的消息后，立即带着亲信逃回开封，王禀遂成为太原城中宋军实际上的前敌总指挥，与太原地区的最高军政长官张孝纯一起，领导北宋末年对金抗战中最顽强的太原保卫战。张孝纯虽是太原的主帅，但本身是文官，"仗"其实主要是王禀在打，张孝纯在给儿子的信中详细描写了王禀的战绩：

金人每次攻城的战法是，先在阵前排列石炮三十门。每次攻城，以鼓声为号令，鼓声一响，三十门炮同时射入太原城中。炮石如斗大，城楼只要被打中，无不当场坍塌。宋军之所以能够坚持住，全靠王禀想到的一个妙计，预先在城楼的下方放置一圈栅栏，再在城楼上堆放一些糖布袋，这样即便被炮石击中，城楼虽然会有所损坏，但整体结构不会被破坏，可以立即修复。

---

① [宋]徐梦莘：《三朝北盟会编》卷53，上海古籍出版社，1987年，第400页。

金军还打造了一种专门用于攻城的"鹅车",车身像一头大鹅,又用铁皮包裹车轮。鹅车非常高大,金军士兵坐在上面,可以直接登上太原的城墙。只是这种鹅车犹如重型装甲车,在当年只能靠人力的时代,需要数十百人推行才能前进,行动缓慢而且笨拙。王禀的破解之法是,发明了一种外形也像鹅的"跳楼"放置在城内,当金军的鹅车靠近太原城墙时,以跳楼阻挡鹅车靠近城墙,同时让人用绳索捆上大石头扔到鹅车上,再让人从下面用搭钩拖拉鹅车,鹅车失去平衡,就会翻倒在地上。①

因此,在此危急关头,王禀成为太原保卫战的军事支柱。太原城陷落后,张孝纯被金军俘虏,王禀则率众突围,战至最后一兵一卒,然后背着太宗御容投河自杀,王禀此举更增添了这一可歌可泣的抗金故事的悲壮气氛。时人称许他:"负像赴水,义不苟生。大节卓伟,千载光明!"

无独有偶的是,《靖康小录》又记载了另一件太原城破后,通判王逸誓死不屈的故事,也与太宗的御容像有关。

据说城破之后,张孝纯拿起刀想自杀,身边的人见状立即抱住他,把刀夺了下来,最终成了金军的俘虏。太原府的通判王逸则决心誓死殉国,他"登阁抱太宗御容",命人放火烧楼,王逸最后和太宗御容一起葬身火海,英勇就义。②宋代皇帝的御容肖像,通常有两种形制,一是画像,二是塑像,宋代的史料在用词上往往将前者称为"御容""圣容""真容",而把后者称为"神御"。从史料的描写上来看,王禀背着

---

① 《三朝北盟会编》卷 53,第 397—398 页。

② 《三朝北盟会编》卷 53,第 401 页。

跑去跳河的太宗御容像，当为画像，因为他在突围之时不可能背着一尊塑像到处跑。而王逸登上阁楼前去拥抱的太宗御容，大概是塑像，因为如果是画像的话，抱着的举动就有些怪异了。

北宋亡国之时，自杀明志的忠烈人物数不胜数，但有意思的是，在这两个殉国故事中，忠臣烈士为什么都不约而同地选择了在城破之后与宋代皇帝的御容肖像一起赴死呢？

此举比一般的自杀，在慷慨赴死的路上可谓更加轰轰烈烈，而且黄泉路上有皇帝相伴，也算没有白死了。可是，试想一下如果是在平时，焚烧或毁坏宋代皇帝的肖像复制品，无论是画像还是塑像，绝对是十恶不赦的大罪。《宋刑统》规定的"十恶"中的"谋大逆"和"大不恭"，分别是指"谋毁宗庙""盗大祀神御之物"[①]等犯罪情节。在皇权政治之下，御容肖像在法律上当然是神圣不可侵犯的；毁坏它，跟毁坏宗庙的性质是差不多的，而将御容从官方供奉之处背出来或抱出来，其性质也与偷盗大祀神御之物无异。

但王禀和王逸在城破之日，与御容肖像一起殉国的举动，在当时却得到的都是坚贞不屈的忠义好评。这恐怕是因为御容肖像与一般的宗庙祭祀品或帝王物品不同，它不是抽象地代表皇帝或象征至高无上的皇权，而是皇帝本人的"克隆人"，即作为皇帝肉身的物象化身，御容肖像在实际生活中是被"拟人化"了的，见像如见人。一旦城破之后，御容肖像落入金人之手自不在话下，金人也一定会毁坏敌方皇帝的御容肖像以泄愤。

设想一下这样的场景，当金人在毁坏宋代皇帝的画像或塑像的时

---

① [宋]窦仪：《宋刑统》卷1。

候，就犹如"鞭尸"一般，不仅仅是在物质上毁坏一幅画，或一尊雕塑，更是把在精神上羞辱宋朝皇帝的举动形象化了。当宋人看到自己的"皇帝"在自己面前碎为纸屑，或被一把火烧得灰飞烟灭的时候，那种惨痛的震撼将是痛心彻骨的。因此，抱着御容像一起死，不但是忠臣烈士的以死明志，也是为大宋皇室和朝廷保存了最后一点脸面。而且忠臣烈士与皇帝一起赴死，更能激励绝望之中的大宋军民，在心中生出君臣之间同生共死的特殊情感。

不过，对于大多数自杀殉国的忠臣来说，抱着皇帝的御容一起赴死的壮烈场景却并不多见，这是因为宋代皇帝的御容画像或塑像其实是一种比较稀缺的神圣资源。除了京城以外，在地方上只有少数几个州县才有资格获得和供奉宋代皇帝的御容肖像。王禀和王逸所在的太原城，正是这样一个特别的地方。宋太宗即位后，为了天下一统的大业，也为了树立自己的威信，曾亲率大军，北征太原，以武力解决掉了五代十国中最后一个负隅顽抗的割据势力——北汉。攻灭北汉、攻克太原，成为宋太宗一生军事上最亮眼的高光时刻。

事后，宋太宗下诏，将他在平定太原之战期间短暂居住的行宫改建为佛寺，赐名"平晋寺"，以彰显他平定北汉、统一天下的不世之功。

因为平晋寺是宋太宗的行宫改建而成的，后来僧人们就在寺中修建了一座"太宗圣容殿"，应是专门收藏和供奉太宗御容肖像的殿堂。最初，圣容殿中的太宗御容画像可能是寺院私自绘制的，并未得到朝廷的"认证"。直到皇祐五年（1053），宋仁宗对外发布谕旨说：太宗皇帝昔年攻克太原，平定刘继元，统一北汉之地，这是太平盛世从此历代相传的征兆——"太平之统"，可以在太宗当年驻跸的旧寺修建御容殿，赐名"统平殿"。

当年三月二十四日，朝廷决定选取京城万寿观中的太宗御容画像迎送到太原的统平殿供奉，同时组建了护送太宗御容前往太原的高规格队伍，由主持全国军事工作的最高长官"枢密使"王贻永出任"奉安御容礼仪使"，副宰相"参政知事"刘沆为"奉安御容礼仪副使"，带着太宗御容前去太原。四月二十二日，太宗御容抵达太原，举行了盛大的奉安仪式。仁宗听到相关的汇报后还感慨说："太宗正是在这个日子率军抵达太原城下的，这说明此次的奉安活动是符合天意的。"①

仁宗当时在发布的诏令中说："太祖擒皇甫晖于滁州，是受命之端也，大庆寺殿名端命，以奉太祖。太宗取刘继元于并州，是太平之统也，即崇圣寺殿名统平，以奉太宗。真宗归契丹于澶州，是偃武之信也，即旧寺殿名信武，以奉真宗。"这则诏令的意思是，宋朝决定在滁州、并州、澶州这三处地方兴建三座御容殿，专门收藏和供奉太祖、太宗和真宗的御容画像。这三处御容殿——滁州端命殿、并州统平殿和澶州信武殿，分别标志着大宋王朝历史上的三个关键时刻，其中统平殿代表宋太宗灭北汉，开创"一统太平"的伟大基业。

据说太祖自己就经常羡慕太宗的"福德"，太祖曾对身边的人说："晋王（太宗）走路的样子龙行虎步，而且出生时就有异象，将来必是太平天子，他的福德不是我能比得上的！"②不过，太祖生前会不会真的说这话，其实很难说。这倒很像是太宗即位后讲的"我哥的系列故事"中的一个。不过，宋人大概更愿意相信这是事实，因为太宗的太

---

① [清]徐松辑，刘琳等点校：《宋会要辑稿》，上海古籍出版社，2014年，第718页。

② 《长编》卷17，第373页。

图 1-1　宋太宗立像　台北故宫博物院藏

平天子气象，既大体符合后来宋代历史的走向，又是太宗自己精心打造出来的根本"人设"。所以《长编》《宋史》这些常见的宋史必读书里，都记载了这个故事。

太宗的太平天子气象到底如何？我们先来看一下宋太宗传世的画像，现在最常见的是台北故宫博物院收藏的"宋太宗立像"（见图1-1）。画中太宗的冠服穿戴与太祖几乎完全一样，特别是淡黄色的袍服，不同于后来两宋帝王标准像中清一色的"红袍"。如果对照着太祖的御容画像来看，赵家这两兄弟，长得还真是很像。都是方正端重的脸型，加上细长的眼睛（见图1-2）。这两处相似，应该不会只是兄弟有相似，

图1-2 宋太祖与宋太宗

而是因为他们二人后来都当了皇帝。

首先,"方面大耳"是标准的帝王之相。据说,宋太祖刚当上皇帝那几年,还未脱江湖习气,喜欢微服出行,有大臣劝谏说:"陛下新得天下,人心未安,您现在经常轻装简从出宫闲逛,万一遭到什么不测,则后悔无及矣!"太祖闻言笑道:"帝王之兴,自有天命,天命强求是求不来的,反之,如果你不想要,你也拒绝不了。如果万一真的朕命中注定会发生意外,想躲能躲得掉吗?昔年周世宗见到诸将有长得方面大耳的,发现一个,就杀一个。然而我天天待在他身边,却安然无恙。"劝谏者一时语塞。

这个故事源出《宋史》,有"正史"背书,大大增加了它的流行度。

不过,这个段子颇像民间老百姓的闲话"龙门阵",放在正史里,违和感还是很明显的。仔细寻找史源,可以发现,它实际上来自司马光的笔记小说《涑水记闻》。据他自己讲,这个故事是从他父亲那里听来的,大概是北宋中期流行的一个关于太祖的帝王自信的段子,其真实性大为可疑。因为考察相关的史实就会发现，周世宗虽然也猜忌大将，如外戚出身又长期统领禁军的张永德、李重进，都曾受到打压，但压制手下能人的办法，只是降低他们的权威，充其量也就不过罢官或外放而已。

世宗在位六年，南征北战，戎马倥偬，正值疆场用人之际，又怎么可能滥杀大将，自毁长城。

这个段子，只能产生于大部分人都远离了战争的和平年代，大概率是北宋中期，承平日久之后，这时武将的重要性大大下降，编出滥杀大将的故事才会有人信。"方面大耳"，也是普通人最熟知的帝王之相，画像中太祖与太宗都是如此，肯定是画师大开滤镜的结果。太祖与太宗两兄弟虽然长得很像，但气质这块儿的差别还是很明显的。现存太宗御容画像中的太宗长相，跟太祖比起来，略显年轻，没有了太祖脸上那种明显饱经沙场的风霜。

太祖的眼神中透露出不怒自威的霸气，而太宗的眼神中却是一种深不可测的心机，虽然都是帝王气度，却各有千秋。特别值得细看的是，太宗面容秀雅，脸色圆润，既端重大气，又雍容华贵，透露出时人最期盼的"太平天子"气象。

不过，太宗身上这种太平天子的气象，可能并不是一开始就拥有的。

太宗喜欢找人给自己画像，尤其喜欢通过画像来展现自己的风采。宋太宗有一天在御花园赏春，听说僧人元霭擅长画"写真"像，于是命人传召他前来为自己画像。当时太宗刚刚游览回来，头戴的乌巾上还插着刚刚摘下来的鲜花，呈现出一派温和舒畅的姿态，这时元霭来了，立即提笔作画，一挥而就，整个过程如行云流水，毫无阻滞之处。

在这幅太宗的御容画像中,太宗解开了戴着的幞头,在头上插了五六枝花,身穿金龙袍,腰间绑着玉束带,脚上穿着描有金龙的软靴,手拿球棍作打球状,"神采英武"得很。[①]

此时此刻,英明神武才是太宗的菜。

不过要论英武人设的打造,太宗经常被现代人戏谑为"车神",但他自己肯定更愿意扮演"足球先生",因为在球场上耍英姿还是比在战场上玩命安全得多的。太平兴国四年(979)还没有被战场毒打过的太宗,乘着宋军灭掉北汉的余威,兴致高涨地带着宋军精锐从太原直扑幽州,准备一举收复燕云十六州,结果他所率领的宋军主力在幽州城外的高梁河被辽军重创,宋军几乎全线溃散,太宗差点当了辽军的俘虏,这时太宗驾着驴车一路南逃,才最终得以幸免,若非"车技"出神入化,太宗此役恐怕性命不保。

不过这个广为流传的桥段,并不见于宋人的记载,而是出于清朝人毕沅编写的《续资治通鉴》,书中有所谓的"帝乘驴车南走"[②]的描写。当然,这个江湖险恶、全靠车技的情节也不全是出于清人的胡编乱造,它很可能是根据《辽史》"宋主仅以身免,至涿州,窃乘驴车遁去"[③]改编而成的。

至于《辽史》的说法是真的,还是契丹人故意抹黑太宗,那就不得而知了。

但有一个事实却很肯定,那就是这次惨败以后,宋太宗再也不敢

---

① [宋]刘道醇:《宋朝名画评》卷1《人物门》。潘运告编著,云告译注《宋人画评》,湖南美术出版社,1999年,第43页。

② [清]毕沅编:《续资治通鉴》,中华书局,1957年,第241页。

③ 《辽史》卷9《景宗下》,第110页。

亲自去前线"飙车技"了。从此他在战场上刷英武人设的副本，只能换成去球场上刷了。可惜的是这幅身穿金龙袍、手拿球棍、英姿飒爽的太宗御容画像没有保存下来，我们无缘一见"球场"上的太宗风采，却只有史家笔下他在战场上狼狈落魄的可怜相供后人调笑。另一方面，现存太宗的御容画像，又全是正襟危坐的宋代帝王标准像，为什么会出现这么大的反差呢？

因为球场上的英姿，其实并不符合太宗后来自我打造的皇帝人设。太宗对自己的历史定位和皇帝形象是非常在意的。《邵氏闻见录》《东都事略》《宋朝名臣言行录》等宋代的许多史料都记载了一个"名场面"。有一天太宗跟大臣们聊天，聊着聊着他突然问道："朕跟唐太宗比怎么样了？"

对大臣们而言，这个问题的答案再明白不过了，简直就是一道送分题。

大臣们当然纷纷拍他的马屁，大言不惭地说："陛下跟尧、舜是一个档次的，唐太宗哪里比得上啊！"吹牛大家都会，但要吹得天花乱坠的同时，还要让大家相信，才是本事。所以，太宗与群臣的这场戏，并不是一个漂亮的"装逼"方式，面对君臣之间联手表演的这出戏假情也假的烂双簧，宰相李昉对这种不上道的戏目实在是看不下去了。

他既不正面回答宋太宗的问题，也没有公开落宋太宗面子，把送分题变成送命题，而是口中喃喃自语地念叨着白居易"怨女三千放出宫，死囚八百来归狱"的诗句。

宋太宗听后，只得低头认错，若有所失地承认："朕还是不如唐太宗啊！"

所谓"怨女三千放出宫"，指的是贞观二年（628）唐太宗放宫女外出回家，让她们自愿嫁娶一事。而"死囚八百来归狱"，指的是贞观六年（632），唐太宗把一批死囚放回家过年，并约定明年秋天行刑时回来受死，这批人到秋天果真全都回来甘愿受死。其实这两件事情反映的都是唐太宗的"仁德"，让宋太宗自愧不如的同时，又不至于让他太难堪。事实上，宋太宗比起唐太宗，差的又岂止德行啊！

开个玩笑，这个问题，如果想找死，大可这么回答："唐太宗要想比肩陛下，那还差得远！唐太宗为了当皇帝，杀兄逼父，实打实的刀光剑影，只会打打杀杀，可见有勇无谋；陛下登上皇位，兄终弟及，说不清的斧声烛影，深明人情世故，可谓有勇有谋！唐太宗上战场，只能骑马；陛下上战场，却会开车！古往今来，会骑马的皇帝多了去了，车技通神的，唯陛下一人而已！"可以说，宋太宗这次不过大脑的乱立人设而没有翻车，全靠宰相选得好。事实上，对于人设的打造，前期的太宗还有些稚嫩，后来的他就高明多了。

唐末五代几十年间，改朝换代频繁，军阀混战不断，太平盛世早已是个遥远的传说了。公正地说，太宗虽然缺点颇多，但宋代能最终避免成为五代之后的"六代"，太宗在实现内部的稳定治理上还是有很大贡献的，虽然这也得益于太祖为他打下了一个相对坚实的基础。

太祖时代，虽然"乱世"已经大体结束，但离太平之世却还有相当的距离，不过好像所有人（除太祖本人以外）都有点等不及了。

开宝九年（976）二月，太祖刚刚灭掉南唐，统一江南，由当时还是晋王的太宗领衔，带着群臣给太祖上了一个"一统太平"皇帝的尊号。然而太祖却不肯笑纳太宗和群臣一起献上的太平皇帝的好意。太祖还非常严肃地下诏解释说："现在割据汾、晋一带的北汉还没有平定，契丹人占据的燕云十六州也还没有收复，这个样子就敢叫'一统'，是不是过分了点啊！何况还加上了'太平'二字，实在是不敢当啊，我是坚决不敢要你们送的这个高帽子的。"①

太祖这话说得极为大气，太祖心目中的天下，还是汉唐旧疆，对于太宗和群臣们的"小家子气"，是看不起的。面对太宗与群臣们送来的这顶高帽子，太祖如此直截了当的拒绝，让太宗和群臣们这出太平盛世的表演显得有些尴尬。不过八个月后，也就是开宝九年十月，太祖突然死了。太宗刚一登上皇位，立即将年号改为"太平兴国"，迫不及待地向天下人宣布自己就是那个即将到来的"太平时代"的皇帝。

其实太宗给太祖送上太平皇帝的称号，不完全是想拍皇帝哥哥的马屁；相反，此举恰恰反映了太宗能够非常及时地抓住时代的脉搏。

太平兴国二年（977），到开封参加科举考试的嘉州洪雅人（治所在今四川眉山市境内）田锡，向太宗献上了时代的呼唤——《太平颂》。在《太平颂》里，他称赞太宗，"吾皇嗣位，南面垂裳。左唐右虞，超周掩商。"并且列举了太宗即位短短几个月所取得的非凡成就，乃是上天的降福，意味着太宗是天地神明所认可的太平皇帝——"用显我皇，太平昭彰。亿万斯年，永永无疆。"②此时离太祖拒绝太宗送给他的"一统太平"皇帝的大帽子才不过数月，而田锡用"太平皇帝"吹捧太宗的手法，却比太宗吹捧太祖更为肉麻百倍。

在田锡的笔下，太宗已经是与三代圣君唐尧、虞舜并肩的圣主，大宋王朝短短的不到二十年的成就，竟已超过了六百年的商朝和八百年的周朝。田锡是北宋初年有名的才子，在给太宗献完《太平颂》后

①《宋大诏令集》卷3《晋王等上尊号第一表不允批答》，第11页。
②田锡：《咸平集》卷21《太平颂并序》。

的第二年（978），他以文采出众，高中进士第二名。

值得特别提出来一说的是，田锡并不是一个油嘴滑舌的"奸臣"。恰恰相反，无论在宋代还是后世，都认为他是一个典型的"直臣"。"直言敢谏"是他为官二十年的口碑，他的人生偶像是以说真话出名的魏征。

"先天下之忧而忧，后天下之乐而乐"的范仲淹夸赞他是"天下正人"，苏轼在给他的文集作序时也慨叹他是"古之遗直"。咸平六年（1003）他病死的时候，宋真宗在与宰相李沆的谈话中，给田锡有一个盖棺论定的评价。我们来看一下真宗的深情表白："田锡是一个真正的'直臣'啊，往往是朝廷稍微有些事儿做得不好，大家还在想这个事情是不是有问题的时候，田锡提意见的奏章就送到朕面前了。像这样的谏官，真是不可多得啊，老天爷为什么要这么快把他从朕身边抢走呢！"①

理解了田锡的为人，才可以理解他给太宗写《太平颂》，应该并不是一种拍马屁式的吹捧，而是欢呼着天下人的期待。经历五代乱世的人们，实在是太想出一个太平皇帝，期盼大宋王朝能够长长久久，让大家过上安稳的生活，希望在将来的历史书里，在"后梁""后唐""后晋""后汉""后周"之后，接续的不是"后宋"。

田锡给太宗献上《太平颂》两年后，太宗亲征太原，灭北汉，再继续挥师直逼幽州，试图一举收复燕云，完成太祖没有完成的梦想。可惜的是，高梁河一役的惨败，决定了太祖的"太平"理想终究无法实现。终太宗一朝，武功不行，渐渐已成共识，这样太平盛世的硬条

①《宋史》卷293《田锡传》，第9792页。

件就无法达到了。

但硬的不行，毕竟还有软的嘛。在之后的年岁里，太宗和群臣却对"太平"有了与时俱进的解释。

太平兴国九年（984），著名的文学家、书法家、南唐降臣徐铉上书太宗，夸赞宋朝开国二十五年，"年谷丰登，干戈偃戢。若于圣统未合天心，焉有太平得如今日！"他甚至直白地说，太宗得到"上天降佑"，"致成恢复一统太平之运"。徐铉把和平稳定、经济发展当作了太平的成就加以宣扬，不再打仗，就是太平；老百姓有饭吃，就是太平。给太宗朝的太平，定了全新的基调。太宗对这样的太平之道，也是心领神会。

也就在同一年，太宗与宰相聊起地方官的选任，谈到好的地方官，可以使一州一郡"教化大行，百姓怀惠"，"善政"是治国的根本，如果皇帝能够做到善政，"何谓太平不可致！"①这段谈话，明显对实现太平社会的理想，进行了某些转换，太祖的太平之路，是以天下一统来终结乱世；太宗的太平之道，则是以善政治国来终结乱世。因为内政搞得好，实现社会稳定和繁荣，一样可以达到太平社会的人间乐土。

在往后的岁月里，太宗经常有意无意地向臣下宣示自己已经实现了"太平"。

淳化五年（994），太宗跟宰相吕蒙正聊天，谈起后晋、后汉年间，天下大乱，兵连祸结，人都差点死光了！太宗回忆当时的人都说，太平日子是再也不可能实现了。然后他突然话锋一转，夸起了自己的

---

① [宋]钱若水修，范学辉校注：《宋太宗皇帝实录校注》卷29，中华书局，2012年，第154页。

"成绩"。他说："朕即位以来，对政事都是亲力亲为，现在国家的情况，大体上都还行，我常常感念上天的恩赐，才有如今这般的繁荣昌盛，更明白了走出乱世，关键还是在人。"

太宗的这段表白，本想在群臣面前强化一下自己太平天子的人设，但为人耿直的吕蒙正却当即反驳道："京城在天子脚下，老百姓都往这里跑，当然热闹了，所以陛下才能看到这般繁荣昌盛的局面。但臣经常在都城外溜达，哪怕是离城不过数里的郊外，饿死的、冻死的人都多得数不清。繁荣昌盛嘛，有是有，但不是到处都是。希望陛下看到近处街市的繁荣，能够想到远方人民的痛苦，那就真是苍生之幸了！"①据说吕蒙正的话怼得太宗当场哑口无言，脸色铁青。

然而话说回来，跟五代的乱世比起来，太宗治下的宋代社会基本稳定，的确可称得上是"太平"，虽然这个太平的质量并不见得有多高。但太宗的太平之治，也是真真切切地结束了五代乱世。

太平天子需要"文治武功"来证明，但太宗打仗不行，这个已是不争的事实。特别是雍熙北伐失败后，武功一途，彻底没有了机会，于是太宗开始醉心于营造宋代的文治气象。

一个很有趣的例子就是，太祖喜欢打猎，而太宗喜欢写字。

雍熙三年（986）十月，太宗以"飞白书"写了几幅字送给宰相李昉，并说："朕退朝以后，并没有虚度光阴，除了读书以外，也经常练字，楷书、草书都在练，最近又学习了飞白书。写字虽然谈不上是什么帝王事业，但也好过打猎听歌吧！"②有点"内涵"自己写字的爱好，

---

① 《长编》卷35，第765—766页。

② 《长编》卷27，第626页。

至少比太祖打猎的爱好要有文化得多。事实上，太祖本人确实对文人的那些"玩法"不感兴趣，而太宗写字，其实也大有深意，往往通过书法传达着他是上天选中的太平天子的不二人选。

太宗对自己人设的打造是非常成功的，比如太宗曾把自己所写的草书作品送给宋初的文学家王禹偁，后来王家把这幅字当成传家宝一直收藏着。百年之后，王禹偁的子孙王奥与大文学家苏轼做了朋友，一次偶然的机会，苏轼看到了王家收藏的这幅太宗书法，在睹物思人之际，苏轼竟然发出了"太宗皇帝以武功定祸乱，以文德致太平，天纵之能，溢于笔墨"的感慨。①可见，"武定祸乱，文致太平"竟成了后人想起不会打仗的太宗时最习以为常的标签。

另外，对比太祖和太宗的画像，明显可以看得出，太祖的"武人气"还是溢于言表的，虽然都是方面大耳，但太祖是紫膛脸，且棱角分明，而太宗已脱去了武夫的风貌，完全是一副文质彬彬的画风了（见图1-2）。

有一年，新修的丹凤门建成，文臣梁周翰见状马上写了一篇《丹凤门赋》，太祖接过赋文，不解地问身边的人说："这是什么玩意儿？"身边的人回答说："梁周翰是个儒臣，职责就是写文章。现在国家有大工程完工，他是有责任写文章歌颂一下这事儿的。"太祖听后很不屑地说："人家盖一个门楼，关这帮读书人什么事儿，写些言语硬来凑这个热闹！"说罢，随手就把梁周翰献上的文章扔到了地上。②可见太祖是有多么地"不解风情"了。

---

① ［宋］苏轼著，孔凡礼点校：《苏轼文集》，第3册，中华书局，2013年，第2200页。
② ［宋］龚鼎臣：《东原录》。

太宗的气质却与太祖大不相同,太宗不但喜欢写字,也喜欢看书,更喜欢写诗。宋代几部大的类书,如《太平广记》《文苑英华》《太平御览》都是太宗组织文臣们编写的,而且从书名上就在潜移默化地塑造自己"太平天子"的形象。

太宗从武功转向文治,其实也很符合他本人的气质。太宗北伐契丹以败仗告终,大家可能会以为太宗会一路垂头丧气地回到京城,但实际的情况却是,他班师回朝的途中,也在一路"高歌"猛进。

在从前线跑回开封的路上,他居然在写诗——"銮舆临紫塞,朔野冻云气"。

太宗如此豪气干云,他手下的文臣们自然也勇气倍增,有人就以这两句诗为题,写了一篇赋和一首诗,赋名《銮舆临塞赋》,诗名《朔云飞》。赋具体写了什么,没人知道;诗只留下了一些残句——"塞日穿痕断,边云背影飞。缥缈随黄屋,阴沉护御衣"[1]。这诗给人的感觉是,太宗这仗打得风卷残云,气势撼人,至于胜败嘛,当然是"只有云知道"了。

太宗喜欢写诗,甚至不肯放过任何一个写诗的机会,在抓住任何一个可以写诗的机会这一点上,大概只有从数量上碾压"全唐诗"的乾隆皇帝可以跟他一较高下。

太宗的文人气质,在史籍中随处可见。

有个名叫"赵昌国"的人,自称能够一口气写一百首诗,要求参加"百篇举"这种特别的考试。太宗一听也很来劲,当即自己写了一首诗交给赵昌国,太宗的诗为:"秋风雪月天,花竹鹤云烟。诗酒春池

---

[1] [宋]僧文莹:《玉壶清话》卷8。

雨，山僧道柳泉。"说实话，太宗这首诗，还挺有画面感的，情景与意境，都不输唐人，远胜乾隆的那些狗屁不通的诗句。太宗写完后，就让赵昌国以太宗自己刚写的这首诗里的每个字为韵角来写五首诗。太宗的这首五言诗，刚好二十个字，每个字为韵角，写五首诗，恰可凑成一百首。

可惜，赵昌国的诗才平平，据说秉烛挑灯地写到晚上，他也才只写出几首而已，但太宗还是宣布赵昌国考试合格，原因是希望可以通过此事来"劝学"。说白了，也就是鼓励大家来跟他玩写诗，可见太宗是很喜欢这类文人雅士的活动的。

对于写诗，太宗君臣在一起常常玩得很开心。宰相李昉晚年退休闲居，但只要是办宴会，太宗一定会请李昉来参加，李昉往往会当场献诗。如李昉自称"微臣自愧头如雪，也向钧天侍玉皇"，太宗则回诗"珍重老臣纯不已，我惭寡昧继三皇"，二人的诗，表面都在谦虚，实则互相吹捧，全是现如今最流行的"凡尔赛体"！还有一次，太宗召见翰林学士苏易简，太宗一边端着酒杯请苏易简喝酒，一边吟诗说："君臣千载遇"，苏易简反应极快，马上回答："忠孝一生心"。他俩这"一千年的皇帝大臣"和"一辈子的忠臣孝子"简直配合得天衣无缝！①

这样，在太宗晚年的一系列操作之下，本来只是一统太平事业未竟全功的太原城，反倒成了一统太平事业完成的标志了。因为置幽云于度外，则消灭太原的北汉政权，当然就是大宋王朝统一天下的最后一战，而这一战是太宗亲临一线指挥完成的。

在太原，太宗可以自豪地说，统一天下我指挥，太平盛世我开创。

---

① ［宋］陈岩肖：《庚溪诗话》卷上。

　　太原城中统平殿里的太宗御容画像,也就象征着大宋王朝的太平一统大业的最终完成。有趣的是,历史竟然也在这里做到了有始有终,太宗的御容肖像最后与守城的忠臣烈士们一起葬身火海,也开启了北宋亡国的序幕。太原失守后不到半年,北宋王朝就退出了历史舞台,而持续了一百多年的太平天下从此成为过去祖宗时代的美好回忆,另一个比五代还要惨烈的乱世开始了。这在旁人看来,太宗既亲身经历了大宋王朝太平盛世的来临,又以化身御容肖像的形式亲眼见证了太平盛世的终结。

第二章

祖宗的流亡

如朕亲临

北宋的都城开封在金军的重重围困之下，到靖康元年（1126）年底，已是弹尽援绝，宋朝君臣上下皆失去了继续抗战的斗志。

当年闰十一月三十日，在金军的授意下，宋钦宗被迫出城前往金军大营所在的青城与女真贵族首领谈判，同意割让黄河以北诸州地盘，并支付金军巨额的金银绢帛。三天后，金军放钦宗回城，同时守卫开封的宋军放弃抵抗，金军兵不血刃地进了开封城。不久后，钦宗再次被要求到金营谈判，结果这一去就被扣留，再也没有机会回来了。金军还借机继续向宋朝索要金帛，直到靖康二年（1127）二月，正式废黜掉钦宗的帝位，将钦宗和徽宗以及所有赵氏宗亲收押，标志着北宋的灭亡。

此时钦宗的弟弟康王赵构因为之前奉命外出与金军议和，不在城内，在赵宋皇室被一网打尽之后，成为唯一的漏网之鱼。

五月一日，赵构在南京应天府（今河南商丘）正式称帝即位，改年号为"建炎"，是为宋高宗，也标志着南宋正式建立。宋高宗举行登基大典前几天，曾率领属下文武官员专程前往应天府的鸿庆宫朝拜供奉在宫中的"三殿御容"，并大哭了一场。鸿庆宫的三殿御容，就是太祖、太宗和真宗的御容。即位当天，高宗颁发的即位赦文中还专门提到要留守洛阳的官员派人去查看一下应天禅院、会圣宫等地御容殿的情况，如有破损的，可一边先把修缮的活干起来，一边再向朝廷打维修报告。[①]

然而，随着不久之后中原州县的相继沦陷，宋代的列祖列宗们，很快就开始了另类的流亡生涯。

宋代大部分的御容殿都寄身在"佛寺"之中，只有少量的御容殿是建在道观里的，这些拥有御容殿的道观中，最重要的是南京鸿庆宫。宋代的南京应天府，即唐五代的宋州，也就是宋太祖称帝前挂名担任的"归德军节度使"的治所。宋代官方给南京的定位是"睢阳奥壤，艺祖旧邦"。睢阳为商丘的古称，艺祖是太祖的别号。太祖获兼领归德军节度使，拥有了"大藩"之美名，从此一飞冲天，开启了大宋王朝的创业之路——"应命历而天飞，创基图而日盛"。

大中祥符七年（1014），真宗下诏将新修的南京圣祖殿更名为"鸿庆宫"，诏书中所说的"想清都之锡类，庆鸿绪之无疆"，大概就是鸿庆宫得名的缘由。真宗在神道设教上敏锐的触觉使他成为宋代最天才的"造神"皇帝，与后来徽宗造神时经常"硬造"不同，真宗造神往往既有精心的布局，又有符合人情的套路。

他虽然迷恋于从神仙故事中寻找大宋崛起的道路，却也能在怪力乱神的表演中保持清醒的头脑，上瘾而不中毒，醉人而不自醉。

大中祥符五年（1012），真宗创造了一个赵氏祖先赵玄朗，并且将他尊为道教的"上灵高道九天司命保生天尊大帝"，同时追尊为本朝的"圣祖皇帝"，圣祖殿本来就是为他而建。在鸿庆宫里，太祖、太宗只

---

①《宋会要辑稿》，第725页。

是配角,他们的存在是为了陪侍圣祖的——"陪仙御于福廷,严宸仪于恭馆"。鸿庆宫的规模宏大,修了差不多十年才修好,这时真宗已经驾崩。仁宗即位后,于天圣元年(1023)才委派官员前往奉安太祖、太宗御容。天圣四年(1026),又奉安了真宗御容,这样鸿庆宫就汇聚了"三圣御容"。①

像鸿庆宫这样的集体性的御容殿,还有西京洛阳永安县的会圣宫。会圣宫也在高宗即位诏书的关怀之列,其收藏供奉的宋代皇帝御容像比鸿庆宫还要多,建筑规模也比鸿庆宫要大。

天圣八年(1030)正月,仁宗派内侍张怀恩到西京洛阳永安县一带查看山势地形,选择一地修建御容殿,最后选中了"訾王山"。因为这里靠近宋代的皇陵,御容殿建成后,可以方便皇帝在祭拜先帝山陵时顺便也可以瞻仰一下先帝的御容遗像。《大宋新修会圣宫碑铭》中说,"訾王山者,冠于诸阜,金曰陕区",意思是说訾王山的地理位置优越,在群山之中,既是最高大的一个,又居于主位。訾王山前有少室山,后有太行山,整个大的环境也是十分难得,正所谓"前瞻少室,伟灵异之所躔;却负太行,邈穹旻之设险"。

在訾王山上可以下瞰皇陵,朝廷于是决定在山上修建一座专门供奉大宋历代皇帝御容的宫殿,"俯寿原之爽垲,拟阙宫之靓深"。

至第二年,即天圣九年(1031)闰十一月十五日,訾王山御容殿建成,仁宗下诏赐名"会圣宫",并将訾王山改名为凤台山,由三司使晏殊领队护送"太祖、太宗、真宗圣像至宫奉安"。②

---

① 《宋会要辑稿》,第 717 页。

② [清]王昶:《金石萃编》卷 132《大宋新修会圣宫碑铭》。

此后，仁宗、英宗、神宗、哲宗、徽宗各朝又陆续在这里兴建了前朝皇帝的御容殿，会圣宫的御容殿越建越多，规模越搞越大，是很劳民伤财的，也遭到不少大臣的反对。

特别是建成差不多三十年后，碰上仁宗驾崩，英宗即位，英宗为了表达自己是先帝的孝子，决定在会圣宫增建仁宗神御殿，没想到此举却在朝廷中引起了极大的争议。御史刘庠就对英宗以这样的方式表达"孝思"提出了异议。他说，"天子之孝，在继先志，隆大业，不在宗庙之靡。宜损其制，以昭先帝俭德"，①意思是说，天子的孝，是继承先帝的遗志，把先帝留下的大业发扬光大，而不是把宗庙修得多宏伟壮丽。仁宗是以节俭出名的，就算要修建御容殿，也应该降低会圣宫仁宗御容殿的规格，这才能彰显先帝力行节俭的德行。

另一位直言敢谏的御史马默也上书反对，他说："事不师古，前典所戒。汉以诸帝所幸郡国立庙，知礼者非之。况先帝未尝幸洛，而创建庙祀，实乖典则。愿以礼为之节，义为之制，亟止此役，以章清静奉先之意。"②马默认为，古人表达孝思，讲求的是"礼"，在儒家礼典里，在皇帝们去过的地方建庙奉祀，本身就是流俗的恶习，是非礼的。这是因为汉代皇帝们不懂礼法造成的，本就不应该提倡。

何况就算按皇帝到过的地方可以建庙的原则，仁宗也从未去过洛阳，在西京会圣宫建仁宗的御容殿，既非礼，又破坏了既有的规则，是不对的。他还特别强调了，"奉先"要以"清静"为本，而建御容殿的形式，却恰恰相反，是在劳民伤财，暗含英宗想对仁宗的尽孝没有

---

①《宋史》卷 322，《刘庠传》，第 10450 页。
②《宋史》卷 344，《马默传》，第 10947 页。

用到对的地方。看来，两位御史对于英宗的"孝道"颇有微词。同样是建御容殿，为什么英宗为仁宗建御容殿会遭到这么多的非议呢？

事实上，仁宗与英宗，是一对很特别的"父子"。仁宗在位四十多年，但一直没有儿子继承皇位，这事儿基本上成了仁宗朝后期最重要的国家大计。

宋人笔记《默记》记载了一个故事，有个叫"冷青"的人，他的母亲王氏曾经在皇宫里做过宫女，后来因为宫中起火，仁宗以为这是上天示警，为了表明自己与上天的仁德之心是心心相印的，他决定释放一批宫女出宫，王氏就在这时离开了皇宫。冷青说王氏在宫中时，曾跟仁宗有过私情，仁宗还送过一件肚兜给自己的母亲。不妙的是，王氏甫一出宫，就发现自己怀孕了，于是只得找了个名叫冷绪的药铺役人嫁了，生下了冷青。冷青长大后，知道自己的母亲跟仁宗还有一段故事，又想到仁宗至今无子，发现这是个获得富贵的好机会。

皇祐二年（1050），冷青跑到开封府衙自揭身份，并且还把仁宗送给他娘的肚兜拿了出来当作证据。好玩的是，最开始负责审理此案的开封知府钱明逸见到冷青一表人才、姿状魁伟，当场吓得站了起来，简直让人觉得冷青就是有太子的气场。但详细问清楚情况之后，钱明逸才清醒过来，他不再相信冷青是仁宗的儿子，但面对这种惊天的诈骗案，他不觉得冷青是骗子，反倒认为冷青是个疯子——宋人常称其为"狂人"，所以就没把这事儿太当回事，也没有严惩冷青，只是把他"送汝州编管"了事。

钱明逸这么处理，完全没意识到问题的严重性。因为这个处理，没有向天下人表明冷青是假皇子，因为假冒皇子，是死罪，钱明逸这么处理，给了大家很多想象的空间，引得舆论哗然。开封府推官韩绛发觉钱明逸这么判案容易引爆舆论，立即上书说："冷青留在外边不是个事儿，应该把这个事情彻底搞清楚，是什么罪就定什么罪，这样才能从根本上杜绝大家的胡猜乱想。"翰林学士赵概也说："冷青若真的是皇子，哪能让他就这么在外面飘着？如果这事儿是他在乱扯，则是匹夫阴谋夺取天子的大位，按法当诛！"

显然，现下的这个冷处理的方式，是最差的一种。

朝廷觉得有道理，于是让包青天出面亲审此案，查明案情后，将其明正典刑。这个案件，由一向号称公正严明的包拯亲自办理，本是一桩事实清楚的铁案，但民间舆论却对冷青极为同情。冷青被处斩的时候，民间盛传"京师昏雾四塞"，搞得像是一个冤案一样。说明了朝野上下对于仁宗有子的强烈期待和围绕这一问题生出的各种阴谋论是如何地甚嚣尘上。①

跟后来的高宗不同，仁宗并不是不能生育，只是没有生儿子的命。仁宗早年曾有过三个儿子，但全都夭折，中年以后所生的都是女儿，一生一共生了十三个女儿。英宗本名赵宗实，是仁宗的堂弟濮王赵允让（其父为真宗的弟弟商王赵元份）的亲儿子。英宗幼年时曾被收养在宫中一段时间，他的亲生父亲濮王赵允让一生共有二十七个儿子，一百二十六个孙子，五百一十三个曾孙，儿孙满堂，可谓当时赵宋皇室中最能"生"儿子的人。

英宗早年在宫中，其实并不算是仁宗的"养子"，他只是给仁宗生儿子增添运势的氛围组工具人罢了，所以几年后仁宗生了个儿子后（这个儿子不久后就夭折了，后来被追封为"豫王"），英宗就被送出

---

① ［宋］王铚：《默记》。

宫去了。

仁宗晚年无子,大臣们纷纷建议仁宗早做打算,嘉祐元年(1056),欧阳修、司马光等人上书,建议仁宗从宗室子弟中选择贤明之人,按照礼法,收养为子,可以先看看情况,暂时不立为太子,一边观察"养子"的德行,一边等待新儿子的诞生。殿中侍御史吕景初则把话说得更委婉一些,他建议仁宗选择宗室子弟中的贤者,暂时不给皇子的名分,但让他能够经常在宫中"问安侍膳"也行。①但仁宗态度冷淡,这时的他,当然不愿接受没有儿子继承皇位的现实。

此后几年,仁宗非常努力地"造人",虽然功夫不负有心人,但却总是天不遂人愿,仁宗此后竟然连续生了五个女儿。直到嘉祐七年(1062)八月,仁宗眼见生子无望,才正式册封赵宗实为皇子,改名赵曙。八个月后,仁宗病逝,皇子赵曙继位,是为英宗。

英宗当上皇帝,在宗法关系上就是仁宗的儿子,但英宗被确立为皇子的时候,已经三十岁了。他当了三十年的濮王赵允让的儿子,而仁宗在生命中的最后几年,仍然在坚持不懈地努力造人,所以要说这对特殊的父子真有多少"父子之情",那肯定是不见得的。

相反,英宗对自己的亲生父亲濮王赵允让的感情,却是父子之间的天性使然。

英宗之所以不顾巨大的花销,在会圣宫为仁宗增建御容殿,只是为了表现自己对仁宗的孝思,然而在大臣们看来,这不过是一种形式主义的孝。其实,在增建会圣宫仁宗御容殿前一年,即治平二年(1065),朝廷之上,围绕英宗与其生父濮王赵允让的关系展开过激烈

---

① 《长编》卷183,第4424—4428页。

图2-1 宋英宗坐像 台北故宫博物院藏

的争论。按理，英宗过继给仁宗，成为仁宗的嗣子，这时英宗的父亲就是仁宗，至于他自己的生父濮王赵允让，就不再是"父亲"而是"伯父"。

英宗不顾大臣们的尖锐批评，一度试图称生父濮王为"皇伯考"，就是变相地承认与濮王的父子关系。此举虽然也得到了历史上一些大名鼎鼎的人物出来背书，如韩琦就主张"出继之了丁所继、所生父母，皆称父母"，这样英宗虽然过继给了仁宗，但仍然是濮王的儿子；欧阳修更是说，"恩莫重于所生，故父母之名不可改"，坚决反对英宗改称濮王为"皇伯"，这些话是真的说到英宗心坎上了。让英宗把自己的生父称为"皇伯"，的确有点太过以势压人，而大部分大臣为了给仁宗有个交代，也有点太不顾英宗的感受。

对这种以势压人的做法，英宗是满怀愤郁的。英宗死前曾对神宗说："朝廷有个老规矩很不好，大臣们的儿子有娶了皇帝的女儿的，都要在家族的辈分排行中提升一档，这样驸马跟他的父亲由父子变成兄弟，公主跟她的婆婆就成了同辈的姐妹，这个为了照顾公主的规矩，简直毫无道义可言。朕每想到这个事儿，就气得睡不着觉，怎么可以因为我家富贵的缘故，就去搞乱别人家的人伦长幼之序，这也太欺负人了！"

历来大家庭中最难处的就是婆媳关系，而婆媳关系中，媳妇又是最难当的。但有了这个"发明"，宋代的公主，则不需要像别的女人那样"熬"成婆婆，因为她一出嫁，就跟婆婆平起平坐了。

英宗这番话，显然是对自己不幸遭遇的有感而发：在伦序问题上，仁宗和他的那帮忠臣们又何尝不是如此欺负自己的。

最后英宗嘱咐神宗，一定要让相关部门出台新的政策，废掉这个霸道无理的规则。①可惜，与神宗的这次聊天之后没过多久，英宗就病死了。他的这个小小的愿望，最终也没能实现。

显然，对于如何称呼自己的生父，英宗属意的"皇伯考"，虽然只增加了一个"考"字，但性质完全不同。英宗称濮王为"皇伯"，则在礼文上彻底抹去了两人之间的父子关系，而"皇伯考"之称，则在宗法上既确定了英宗与仁宗的父子名分，又没有否定英宗与濮王的父子亲情。但如果英宗真的称濮王为"考"，则是在礼法上对仁宗的羞辱，

---

① 《宋史》卷13《英宗纪》，第261页。

因为英宗作为继嗣之君，只能有一个爹，那就是把皇位传给他的仁宗。最后迫于压力，英宗虽然放弃了称濮王为"考"，但也拒绝称濮王为"皇伯"，而是折衷一下，改称为"亲"，总算保住了与亲生父亲濮王的那么一点点父子之情。

事情闹到这种地步，英宗对仁宗到底有多少孝思，大家也都心里有数了。所以当英宗劳民伤财地要为仁宗增建御容殿时，大臣们想到的自然就是英宗此举，不是真的在尽孝，而是拿老百姓的血汗钱去做样子。

会圣宫的名字，可以理解为让大宋的历代圣主在此相会之意，故而会圣宫的定位就是奉安宋代所有皇帝御容像的所在地，因此这里一开始就放置了三圣御容像，并在后来不断增加御容像的数量。

仁宗死后，英宗于治平三年（1066）九月二日，派龙图阁直学士李柬之前来会圣宫勘查新修一座御容殿供奉仁宗御容像，但可惜的是，仁宗御容像还没来得及送来，就轮到英宗自己做御容遗像了。治平四年（1067）十一月三日，新即位的神宗派户部副使苏寀等人前来勘查安放英宗御容像的位置。直到熙宁二年（1069）五月九日，才正式迎奉仁宗、英宗御容到会圣宫奉安。临行前，神宗还亲行了酌献之礼。[①] 此后一直到北宋灭亡，会圣宫就成了有宋一代列祖列宗"集体开会"的场所了。

因为会圣宫的存在，洛阳的老百姓还可以经常性地享受一下御容带给他们的"好处"，如元祐二年（1087）十月十三日，因为在会圣宫奉安神宗的神御塑像，哲宗下诏，将关押在西京洛阳牢狱之中的死罪

---

①《宋会要辑稿》，第717页。

以下的犯人的刑罚，全部减为杖刑，并在行刑之后，一律释放。给参与神御塑像奉安的军民、官吏、士兵以及工匠发放各种赏赐，城中的老人，都赏给酒、食、茶、绢等财物。

接下来我们再说说高宗惦记的另一处祖宗御容殿——应天禅院的情况。

应天禅院本来只是为了纪念太祖的出生地而建的一座佛寺。据《宋史》所说，太祖"生于洛阳夹马营"，出生之际，整个房间都被红光环绕，周围还充满了香味，经过一天一夜才散去，而且身体上泛起金色的光芒，三天之后才消失。①太祖诞生于洛阳夹马营乃是宋代人尽皆知的故事，然而几十年后等太祖当上皇帝的时候，早已沧海桑田。这个夹马营到底在什么地方，宋朝建国后其实已经搞不清楚了。

《石林燕语》记载，真宗时为了弄清楚这个大宋王朝的龙兴之地，专门派人去洛阳寻访夹马营的位置，最后有人说骁胜营旁边的马厩附近有块空地，上面有两座小山丘隐隐隆起，看上去就不一般，最后官方钦定这里就是夹马营之所在。但《渑水燕谈录》又有另一个说法，真宗曾经巡视洛阳，一时兴起，亲自到传说中的太祖诞辰之地"顾瞻遗迹"，结果发现夹马营早已荒废，当地竟然在原址上开起了小旅馆。真宗不禁大为感伤，逛了几圈都舍不得离开。

真宗、仁宗虽非太祖子孙，但在法统上却一直尊崇太祖从不动摇。事实上，真宗和仁宗时期，宋朝统治集团对于保持并发扬太祖御容画像的功用，打造宋朝的祖宗崇拜是用了大力气、下了大功夫的。

景德四年（1007）二月，为纪念洛阳的"太祖诞辰之地"，真宗下

---

① 《宋史》卷1《太祖本纪》，第2页。

图2-2 宋太祖半身像　台北故宫博物院藏

诏在其原址上修建一座佛寺，赐名"应天禅院"（正式赐名在大中祥符二年），同时还要求在应天禅院内再修建一座"太祖影殿"——即专门收藏和供奉太祖御容画像的殿堂。①

太祖的出生地，本身就是大宋王朝的"圣地"，在这里修建一座寺院把这个圣地变成一处神圣景观，那自然是再好不过的主意了。这座太祖影殿修成后，被赐名为"兴先殿"。天禧元年（1017），应天禅院和太祖的御容殿差不多同时完工，当年五月，真宗任命宰相向敏中为"奉安太祖圣容礼仪使"，护送太祖御容前往西京洛阳。临行前，将太祖御容暂时安放到宫中的文德殿，齐集百官站立一堂，真宗亲自举行了设乐供神的酌献礼，护送太祖御容的团队配备了卤簿仪仗、道门威仪、教坊司乐团为前导，太祖御容则放在"彩舆"中前进。

启程前，真宗亲自到正阳门外为护送队伍钱行，百官则在琼林苑

①《宋会要辑稿》，第717页。

门外举行饯行仪式。这时还派出左谏议大夫戚纶到太祖的陵墓——永
昌陵,向太祖的在天之灵汇报此事,完事后,"群臣称贺"。整个过程,
繁文缛节,充分体现了真宗对兴先殿供奉太祖御容一事的重视。两个
月后的天禧元年七月,真宗还下令规范了兴先殿太祖御容的祭拜待遇。
要求每天为太祖御容供奉素食,每个月要有官府供应祭拜所需的"法
酒"和"降真香",每五天供应一次"白乳茶"。遇上放灯的晚上,由
官府供给灯油,举行放灯仪式,每年正月上旬,择日举行朝拜之礼。
可以说,兴先殿有着整个宋朝最为隆重的太祖御容崇拜活动。①

兴先殿本为太祖的御容殿,但因为这里是大宋王朝的龙兴之地,
意义非凡,渐渐发展成为赵宋皇室的家庙,后来竟然成了北宋历代皇
帝御容的集中地。

天禧四年(1020),真宗下诏把散放在洛阳的太祖、太宗御容集中
收藏到这里。天圣元年(1023)二月,真宗死后不久,仁宗下令让宰
相冯拯为礼仪使,护送真宗御容到兴先殿奉安,把当初奉安太祖御容
的仪式又走了个遍。这样兴先殿就有了太祖、太宗和真宗的三圣御容。
治平四年(1067)十一月十二日,接受龙图阁直学士李柬之、内侍押
班王安规的建议,扩建后殿的七间房子供奉真宗、仁宗和英宗。到熙
宁二年(1069),正式将仁宗和英宗的御容奉安到兴先殿,这次奉安仪
式,神宗还亲行了酌献之礼,至此兴先殿就齐集了太祖、太宗、真宗、
仁宗、英宗五位皇帝的御容了。②

可以说,兴先殿到后来已经不算是太祖的御容殿了,跟会圣宫一

---

① 《宋会要辑稿》,第717页。
② 《宋会要辑稿》,第717页。

样，成为收藏和供奉北宋诸帝御容像最齐全的地方。

宋代祖宗御容最齐全的两大供奉地，应天禅院和会圣宫都不在京城开封，而是在西京洛阳。南宋建国时，西京洛阳曾经一度还在宋朝手上，所以高宗在即位诏书中还不忘关心应天禅院和会圣宫的祖宗御容像的保养和维护事宜。但洛阳局面并不乐观，在金军的围攻下很快就沦陷了。

建炎元年（1127）十二月，金军大将粘罕率部进攻洛阳的屏障汜水关，南宋西京留守孙昭远派部将姚庆前去阻击金军，结果战败而死。金军随即直逼洛阳。孙昭远是四川眉山人，元祐年间考中进士开始当官。他虽然是文人出身，但却有一些军事斗争的经验，早年曾经出任过"河北山东抚谕盗贼干当公事"一职，负责招降北宋末年活跃在河北、山东一带的农民起义军。金军南侵之际，他是河北、燕山府路转运使，负责河北前线宋军的后勤保障工作。

靖康元年（1126），金军围攻太原，北宋中央派出多路援军前去驰援，但这些部队大多在半路就溃散了。宋钦宗认为这么多的溃兵走散了也挺可惜的，就让他负责去招集散兵游勇。当年年底，洛阳失守，他又出任"西道总管"，招收了一些洛阳溃兵到京兆府（今西安）与陕西宋军会师。接着他带着陕西诸路联军号称"十万"人入援开封，但不久开封失陷，北宋灭亡。高宗即位后，任命他为"河南尹、西京留守、西道都总管"，此时金军大部已暂时撤走。

他在这时回到洛阳，招集散亡的溃兵，又组建一支万余人的"义兵"，同时修筑堡寨，让老百姓结寨自保。总的来说，从他的表现来看，虽然打仗的能力平平，但"暴兵"的能力还是很厉害的。汜水关之战失利后，孙昭远大概已知道洛阳守不住了。为免宋代列祖列宗的御容肖像落入金人之手,他提前让部将王仔带着启运宫(宋徽宗时为了崇奉道教,将应天禅院的御容殿改建为道观,赐名"启运宫")的祖宗御容像撤出洛阳,后来辗转到了高宗暂时驻跸的扬州。孙昭远自己则留在洛阳不肯走,与金军又交战了几个回合,都以败仗收场。

他在洛阳依靠的军队本来就是一些溃兵,见大势已去,就想让孙昭远带着他们跑路,被孙昭远严词拒绝,孙昭远骂他们说:"你们平时吃朝廷的饭,这个时候不舍身报国,跑到南方去了又能怎么样呢!"结果激怒了这些溃兵,一拥而上竟然把他给杀了。①

启运宫祖宗御容像南迁之际,高宗自己也在一路南逃。原本高宗在应天府即位后,开封的形势在宗泽的领导下日益好转,宗泽多次建议高宗回到京城以壮声势,但都被高宗拒绝,高宗甚至觉得应天府离金军也太近,决定南下到更为安全的扬州。当年十月,他离开应天,坐船南下,一路经泗州、楚州,最后在扬州暂时安顿了下来。另一方面,祖宗御容像的转移,就不像高宗的跑路那么轻巧了。洛阳启运宫的祖宗御容像主要是"塑像",且有七尊之多,分别是太祖、太宗、真宗、仁宗、英宗、神宗、哲宗的御容像,迁移起来其实并不容易,加上时间仓促,只能用比较简陋的"篮舆"让人抬着走。

洛阳与开封很近,所以王仔将启运宫的祖宗御容像抢救出来后,最初是将御容像搬到了当时还在南宋控制下的东京开封,暂时存放在集中供奉祖宗御容像的景灵宫中。金军攻陷洛阳后,又继续进攻开封,好在开封有宗泽坐镇,暂时挡住了金军再次南下初期的轮番进攻。但建炎二年(1128)七月,宗泽病死,开封形势迅速恶化。大约在此时

---

① 《宋史》卷453《孙昭远传》,第13318—13319页。

王仔又带着启运宫的祖宗御容像撤出开封，前去扬州投奔宋高宗的行朝。《建炎以来系年要录》记载，当年秋天，"西京留守司将官王仔奉启运宫神御始至行在"。[1]

当然，洛阳、开封的神御塑像众多，金军打来时，很多神御塑像是来不及转运的，有的大臣为了保护神御塑像，坚贞不屈，引颈就戮而毫无惧色。如河南府少尹阮骏，是哲宗绍圣年间（1094—1098）的进士，金军打来后，他率领所部士兵护卫神御殿，抱着神御塑像不放，破口大骂金人，最后惨遭杀害。[2]

扬州虽然远离宋金交战的前线，但在宋高宗一伙的骚操作下，也很快就让他们觉得不安全了。高宗在扬州待了差不多一年半，基本上无所作为，不过终日苟安，完全没有备战的准备。金军发现高宗在扬州终日只知吃喝玩乐，军备松弛，于是决定派兵偷袭扬州，给高宗来一个"斩首"行动。金军左副元帅粘罕派出完颜拔离速、马林荅泰欲、耶律马五等率部突袭扬州，其中耶律马五部行动最为迅速，以五百骑兵出其不意地杀到扬州城下。[3]

建炎三年（1129）二月三日，扬州行宫的宦官匆忙得知金军逼近扬州的消息，立即向高宗汇报紧急军情，吓得当时正在行宫与后宫妃嫔玩耍的高宗仓皇起身，策马夺路，一路狂奔，从此落下"终生不育"的隐疾。[4]

---

① [宋]李心传撰，胡坤点校：《建炎以来系年要录》卷17，中华书局，2013年，第355页。

② 《宋史》卷452《阮骏传》，第13291页。

③ 《金史》卷74《宗翰传》。

④ 参见《系年要录》卷20，第454页。

图2-3　（宋）李嵩绘《赤壁图》中的渡船
美国堪萨斯市纳尔逊·艾京斯艺术博物馆

　　高宗逃出扬州后，直奔长江边上而去，找到渡船赶紧渡江溜到了镇江，稍事安顿后，立即继续南逃，经常州、苏州，一直跑到杭州才停了下来。高宗二月三日逃出扬州，到二月十三日进入杭州，一路奔驰几百里，才不过十天，可见仓惶狼狈得很。高宗此次南逃，事前毫无准备，二月三日当天，高宗带着亲信渡江后，反应过来的百官才发现皇帝跑了，于是立即跑到扬子江津准备跟着皇帝逃命，结果到了江边才发现，根本没有官方组织的渡江船只，岸边只有民间"舟人"自发组织的一些渡船。宋代民间行用的渡船，一般都不大，通常只能载个三五人（见图2-3），一下子涌来这么多的达官贵人，不可能人人都有船坐，船夫趁机索要天价的船费，大发了一笔横财——"每渡一人，必须金一两，然后登船。"①

————————————

①《挥麈后录》卷8。

南宋官员、百姓逃命到江边的有十多万人，金军追来后，大约有一大半最后都坠江而死。在如此混乱的情况下，平日里被视为皇帝神圣权威的仪仗用品都只得抛弃不管了。高宗到镇江的当天，连睡觉的床都没有，只得拿一张随身带着的貂皮铺在地上将就了一晚。到常州时，"仪仗皆阙，唯一兵执黄扇而已"。宋代皇帝所在，最简略的仪仗就是黄扇和黄伞，仁宗时的参知政事宋庠曾感叹宋代承五代荒残之弊，什么事都做得很简略，尤其是皇帝的仪卫，除非特别正式的郊庙大礼，平时非常寒酸，"仪卫寡薄，颇同藩镇"，其排场只相当于唐代节度使的水平，不过是"前有驾头，后拥伞扇而已"。①

宋代皇帝的平时使用的这种伞扇搭配的仪仗队，在传世的宋画中也有反映。相传由宋高宗亲笔书写、大画家马和之亲笔所绘的《孝经》图"天子章"中（见图2-4），有一个皇帝拜见母后的场景，画中的皇帝身着通天冠服，被两个内侍搀扶着正在行礼，而他身后则跟着几个内侍，其中一人居中持黄伞而立，两侧则有两个内侍一人举着一个巨大的黄扇站立跟随，由于这是在宫中拜见太后，这个天子仪卫应该是最简省的了。可高宗在常州连如此简单的排场都无法维持，只剩下一个举着黄扇的士兵勉强撑下场面，皇帝的威风早已不存。

皇家威仪沦落到只剩一个小兵持扇还不是最惨的，在这种逃命才是最要紧的时候，象征高宗皇位合法性的太庙神主，高宗跑路时也扔下不管了，幸好负责礼仪事务的太常少卿季陵把"九庙神主"让手下人背着撤出了扬州城。

因为背着九庙神主走不快，当他们来到扬子江边的时候，金军骑

①《宋史》卷144《仪卫》，第3388页。

图 2-4 《孝经》图 "天子章" 局部

台北故宫博物院藏

兵已经追了上来,季陵当机立断,决定不走水路,改走陆路南下,算是保全了太庙神主。但背着太祖神主的亲事官李宝在逃跑的过程中遭到金军的追杀,太祖神主从此遗失。直到差不多两个月后,朝廷才想起此事。四月二日,尚书省向高宗报告了太祖神主遗失的情况,高宗下诏让沿路州军留意寻访,如果有人找到并献出遗失的太祖神主,可以赏个官当。①

可以想象得出,这时列祖列宗的御容像该如何安排,只顾自己逃命的高宗肯定完全不会在意。

① 《系年要录》卷 22,第 541 页。

但奇迹还是发生了，在这次大逃亡中，好不容易从洛阳抢救出来的启运宫祖宗御容像，居然完好无损地保留了下来，可能是相关官员在关键时候自发地组织了祖宗御容像的撤离工作。建炎三年（1129）二月二十日，御史中丞张澂上书弹劾宰相黄潜善、汪伯彦二人的二十大罪状，其中第四大罪，是说他们二人身为宰相，却没有提前安排好御容像的撤离和转移事宜，仓促之间，御容像的转移搞得一片狼藉，御容像"倾摇暴露"，路人见了都会鼻子一酸，伤心地哭出声来。[1]可见当时对御容像的转移确实组织得不成章法，但高宗小朝廷的部分官员们在跑路的时候，还是想到了御容像的，在力所能及的情况下，是带着御容像一起撤离的。

高宗从扬州逃出来后，经历了一段人生中最难堪的时期，很长一段时间里，根本顾念不到启运宫祖宗御容像的去留。

高宗到杭州后的第二个月，驻守杭州的禁军将领苗傅、刘正彦发动兵变，宣布废黜高宗的皇位。并将其软禁起来，另立其三岁的幼子赵旉为帝，由隆祐皇太后垂帘听政。直到四月初，在外的三大将韩世忠、刘光世、张俊率领的勤王军逼近杭州，苗、刘才同意高宗复位，随后自知不敌韩世忠等人的勤王大军，率残部撤出杭州城打算逃命，勤王军一路紧追不放，二人也一路奔窜流亡，不久后毫无悬念地成为阶下囚，最终被明正典刑。扬州之变后的高宗，已丧失生育能力，而唯一的儿子赵旉本就年幼体弱，又经此折腾，终于在七月份夭折了。

建炎三年（1129）秋天以后，金军主力再度大举南下，并于年底突破长江防线，进入江南腹地。高宗一伙为了保命，想到一个绝妙的

---

[1]《系年要录》卷20，第469页。

图2-5 （宋）李嵩 《天中戏水图》
台北故宫博物院藏

办法，就是金军在战场上主要依靠骑兵优势，不善水战，也无水师和大型船队，所以只要不在"陆地上"待着，就不会与金军遭遇，因此在大海的风浪中颠簸的"海上小朝廷"，反倒是高宗最安心的居所。

当时朝议就认为，"今若车驾乘海舟以避敌，既登海舟之后，敌骑必不能袭我，江、浙地热，敌亦不能久留，俟其退去，复还二浙。"[1]由于金人兴起于东北的森林地带，建国后占领的地方也主要是北方地区，缺乏高超的造船技术，面对南宋避敌海上的高招，也是一点办法也没有，只能望"洋"兴叹了。

于是高宗立即派人前去明州征集舟船，事实上，以明州为中心的沿海地区自北宋以来就是整个中国最发达的造船业中心，官方和民间都拥有大量的船只，宋廷很快就募集到了上千艘的海船。

高宗一行于十二月初逃到明州，随后在十二月十五日登上海船避

---

[1]《系年要录》卷29，第578页。

图 2-6　（宋）张择端款《金明池争标图》中的楼船

天津博物馆藏

难，据史料记载，高宗的御舟是一种"楼船"，即在船上建有重楼，并进行一定的装饰，其观赏性和舒适性应该都不错。对于这种楼船，传世宋画中也有表现，如《天中戏水图》里的大龙船，重楼三层，雕梁画栋，极其壮丽奢华（见图 2-5）。这种游船性质的楼船平时就有大量的需求，临时征集也比较容易。落款为张择端的名画《金明池争标图》，很有可能是南宋宫廷画师的作品，描绘的是龙舟竞渡的场面，画面中，在参赛的一群龙舟之外，还有一艘巨大华丽的以供观赛的楼船（见图 2-6）。

　　在这样的大船里也足以搞出一个移动的小朝廷。史料显示，流亡海上期间，随船伴驾的，除了宰相执政等重臣以外，还有御史中丞赵鼎、右谏议大夫富直柔、权户部侍郎叶份、中书舍人李正民、綦崇礼、太常少卿陈戬等六人，而御营都统司辛企宗兄弟则作为护卫也在高宗的船上。

　　此后几个月的时间里，高宗坐着楼船在明州、台州、温州沿海游荡。建炎四年（1130）的春节，高宗就是在海上度过的。正月十五的元宵之夜，高宗的逃命船队到了台州沿海的章安镇，还搞了一场"海上灯光秀"，随行在船上的禁军卫士把油贮放在吃空了的柑子皮中，点火做成小灯，放入海中，当时海面上风平浪静，万点桔灯"荧荧出没沧溟间"，竟然营造出一个海上胜景，引得岸边的居民纷纷爬到山上观灯。①这个小插曲说明，到这时候，高宗虽然还是很狼狈，但已然知道自己再无性命之忧了。

---

① 《三朝北盟会编》卷136、《宋稗类钞》卷4。

第三章

东南有王气

如朕亲临

　　高宗在海上胆战心惊地流浪了两个多月，终于熬走了金军。他于建炎四年（1130）二月从海船上下来，回到岸上，住进温州的州衙。在此之前几天，即正月二十五日，史书中第一次出现了流亡中的高宗对祖宗御容像的关心。当天，高宗下诏让内侍省派人负责安顿从扬州撤出来的章武殿、会圣宫和启运宫的祖宗御容像。此时这几处原来分处在扬州、洛阳的御容像应该都流落到了温州，可能是从扬州撤出后，转辗到此处的。

　　最早找到落脚点的是启运宫的祖宗御容像。

　　二月二日，高宗下诏将启运宫的祖宗御容像迁移到大后方的福州安置，至此启运宫祖宗御容像颠沛流离的日子才最终结束。负责办理此次迁移启运宫御容像事宜的官员是"干办官"李啓，三月，启运宫御容像抵达福州，被安置在开元寺。开元寺是福州旧有的名胜古寺，位置在福州子城的东边（见图3-1），始建于南朝梁太清三年（549），原名灵山寺，后改为大云寺，唐初改名龙兴寺，开元二十六年因唐玄宗年号改名开元寺。选中开元寺奉安启运宫御容像，大概是因为开元寺本来就有"明皇像"（即唐玄宗像），有着几百年的供奉御容像的经验。

据南宋时编写的福州地方志《淳熙三山志》所载，启运宫的御容像共有"七殿神御、四殿御容"，即有七尊御容塑像和四幅御容画像。这些御容都被统一奉安于开元寺的大殿。启运宫的这批御容像历经艰险，辗转洛阳、开封、扬州、温州多地，最终在福州找到了落脚之处。

颠沛流离一大圈之后，御容像恐怕也有些破损。当年九月，高宗下诏说："启运宫的御容像已经在福州完成了奉安事宜，御容像的头冠和衣纹是否完好，需福州当地官员与主管御容殿香火的李啟一起察看后重新加以装饰，有损坏也可予以修补。"①从此，启运宫的祖宗御容像就在福州开元寺"住"了下来，并赐名为"奉迎启运宫神御所"，绍兴三年（1133）九月二日，高宗下诏将"奉迎启运宫神御所"改名为"启运宫奉迎神御所"，负责照看御容像的官员，还获得了正式的编制，称"奉迎所干办官"。

从名称上看，似乎这里只是临时安顿御容的地方，南宋人罗大经在《鹤林玉露》中记载，奉安启运宫的御容像的殿庑下，还放着新制作的"朱辇七乘"，也就是说，为了方便将来迁移这些御容像，已经提前为他们造好了上路用的辇车。但事实上启运宫的御容像从此却一直留在了福州，再也没能重返洛阳。

与启运宫一同南迁的章武殿和会圣宫的御容像，则暂时留在了温州。这批御容像中，章武殿原本在扬州，会圣宫原本在洛阳。章武殿只有太祖御容像，而会圣宫则齐集了北宋诸帝的御容像，是除启运宫以外御容像最多的地方之一。洛阳沦陷后，禁军高级统兵官，保宁军

----

① 《宋会要辑稿》，第 725—727 页。

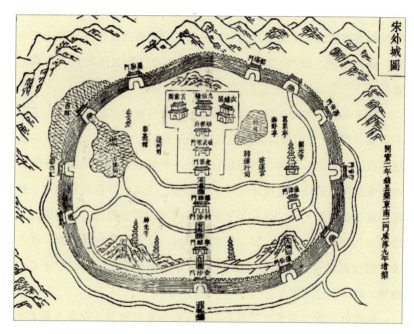

图3-1　明代《闽都记》所录宋代福州城布局图

承宣使、主管侍卫步军司公事阎勍率领所部护送会圣宫祖宗御容像顺蔡河南下，于建炎三年（1129）九月抵达濠州城外。

　　阎勍派人传令让濠州知州孙逸开城门迎接祖宗御容像入城。孙逸担心有诈，竟然拒绝开门，并对阎勍说："太尉虽然是朝廷重臣（翻译：这么大的官，平时我是不敢得罪的，但现在连朝廷都在一路流亡，逃命的重臣我也可以不买账），但下官跟您素未谋面，实在不认得您（翻译：万一你是假冒的，那倒霉的就是我），现在为了全城军民的安全考虑，我是不敢开门的。"阁勃闻言也不跟他争辩自己身份的真假，只是说："就算不认识我，我奉祖宗御容像而来，地方官见到祖宗御容像，按礼也应该出城迎接。"

孙逸听罢，虽然还是没有开门，但也不得不换上朝服正装，带着州府属吏登上城楼向祖宗御容像举行了"遥拜"之礼。①

孙逸虽然没有因为御容像的到来而贸然打开城门，但也不得不对着御容像行礼如仪，可见即便是危难之际，御容像出行的排场和派头也是可比皇帝亲行的。试想一下，如果这批祖宗御容像没有被及时抢救南下，而是落入了金人之手，则金军带着御容像一路攻城略地，必定会给不少南宋地方守城官员造成困扰。因为这个孙逸在御容像面前不肯打开城门，不是因为他把全城人性命看得比皇帝的尊严更重要；实际情况可能恰恰相反，越是忠心的臣子，在面对这种情况的时候，越难处理。

孙逸之所以这么果断地拒绝开门，纯粹是因为他本就是个贪生怕死之徒。一个多月后，也就是建炎三年（1129）十一月初，当他听说金军已经渡过淮河，逼近濠州的时候，他居然毫不犹豫地就把象征守土之责的"州印"交给正在濠州组织防务的淮西兵马都监王宗望，自己借口要去建康府汇报工作，扔下濠州军民不管，自己跑路了。②

建炎四年（1130）二月二日，高宗下诏将启运宫的御容像送到福州开元寺奉安，十二天后，高宗再次下诏将原在洛阳的会圣宫和扬州的章武殿的御容像就近奉安到温州的天庆观，由于战乱刚过，时局不

---

① 《系年要录》卷28，建炎三年九月，第654页。
② 《系年要录》卷29，建炎三年十一月乙巳，第667页。

稳，诏书中还特别强调，这次奉安只是把御容像暂存在天庆观，而陈设、帘幕、衣帻等相关的附属装饰物品，等日后再安排采办。二月二十八日，又下诏给奉安御容像的天庆观一些好处：每年给天庆观一个"道童"的名额，并按北宋时期供奉御容像的寺观常规待遇，赏赐田地十顷以为产业。

绍兴元年（1131）八月十六日，温州知州林之平向朝廷汇报，目前在温州的景灵宫、万寿观、会圣宫、章武殿四处祖宗神御像，分别寄居在四个地方，既不方便管理，也显不出帝王御像的宏伟气势，建议选择一处"爽垲雄丽"的地方创设宫殿，将四处的御容像集中奉安到一起，形成规模效应。最后选定了温州的开元寺，将开元寺前殿景命殿改建为奉安景灵宫御容像的神御殿，后殿千佛阁下则奉安会圣宫、章武殿的御容像。[1]这样一来温州就成了南宋境内御容像最集中的地方了，御容像代表着皇帝的存在，这么多的御容像在这里，事儿自然也就多了起来。

于是朝廷派了专管相应的礼仪事务的"祠部郎官"郑士彦和具体负责御容像管理事务的内侍宦官一起打理温州的祖宗御容像的各项事宜。因为御容事务在北宋时代一向都是由宦官专管的，现在朝廷派出文官与宦官一起来办理，宦官们当然不高兴，结果主管宦官与郑士彦不和，经常无理取闹，搞得事情做不下去，以致闹到了朝廷上。当年十一月一日，高宗下诏，任命向宗厚为祠部郎官、太常少卿、知温州，将主管温州御容事务的宦官罢免，由向宗厚全权负责。

话说回来，这次南迁的祖宗御容殿中，原本在扬州的章武殿其来

---

[1]《宋会要辑稿》，第725页。

历颇为传奇。宋太祖当上皇帝，一夜之间，就黄袍加身，看似轻松得很，实际上却并不容易。由于禁军都倒向了他，在京城基本上没有什么阻力，但地方上的军事强人们却并不服气，其中后周时代最有威名的大将李重进就是太祖最大的挑战者。李重进当时在军中的名气和战功，都远超宋太祖。论出身，他是后周太祖郭威的外甥；论军职，他早在世宗初年，就是侍卫亲军马步军都指挥使，统领后周禁军中人数最多的侍卫亲军。

淮南一役，在宋太祖生擒皇甫晖的同时，李重进在正面战场上一战而斩南唐守军的主帅刘彦贞，在周世宗时代，屡立战功。有意思的是，当时禁军大将都遥领节度使，以示崇重，李重进本来遥领的就是"归德军节度使"，世宗临死前，担心他皇家近亲的特殊身份和在军中的威名，会威胁到自己儿子的皇位，将李重进调离中央，外任淮南节度使，镇守扬州。这时本来由他遥领的"归德军节度使"空了出来，才给了新上任的殿前都点检赵匡胤。

所以要不是宋太祖在世宗年间快速崛起，成为世宗制约李重进的一颗重要棋子的话，世宗死后，在后周禁军系统中最有权势和最有威望的人就是李重进，上演不得已被将士拥戴，黄袍加身戏码的应该是他，而不是宋太祖。所以历史或许早已注定，后周之后的王朝一定是"宋朝"，后来宋太祖也是因为接手了李重进遥领的"归德军节度使"，以归德军治所宋州，正是古宋国之地，而建国号为"宋"。那么李重进如果当了皇帝，其国号大概率也会叫"大宋"吧！

建隆元年（960）九月，李重进在扬州起兵造反，十月，宋太祖下诏亲征扬州，十一月，太祖攻克扬州，李重进带着全家自焚而死。李重进在世宗年间统领禁军时，南征北战，屡立奇功，但这次没了当时最精锐的禁军支持,仅靠淮南的地方部队,根本不是已经拥有了全部禁军支持的宋太祖的对手。当初太祖抓住皇甫晖后,献俘于周世宗,皇甫晖为自己辩解说:"不是我打仗拉胯,纯粹是因为士卒勇怯不同耳。我以前跟契丹的军队交过手,契丹人已算能打的,但还是不如你们的禁军,我从未见过像这样能打的精兵啊!"[1]

太祖平定李重进之后,就班师回朝了,但太祖的传说却留在了扬州。第二年,朝廷下诏,决定把太祖在扬州时暂住的行宫改建为一座寺院,以纪念太祖的东南之行,赐名为"建隆寺",而建隆正是太祖的第一个年号。

建隆寺的出现,彰显的是太祖与江南的联系。寺院建成后,寺中僧人发现旧址中存留有太祖当年在扬州时的一个"御榻",于是专门修建了一座小殿把这个御榻供了起来,按时祭拜。直到近半个世纪后的景德二年(1005),建隆寺僧人胜显上书,请朝廷赐给建隆寺一幅太祖御容加以供奉,获得真宗的允准。真宗随即下诏让翰林图画院绘制太祖御容画像一幅,然后派人护送到建隆寺奉安,并且还专门赏赐了一套"供具"给寺里,以便供奉太祖的御容画像,这样建隆寺就拥有一座太祖的御容殿。

景德五年(1008)八月,朝廷发现了建隆寺太祖御容殿是一个"偏殿",规模和气势都与太祖开国之君的身份不匹配,于是派专使前往改建,将御容殿的位置改建在全寺的中位上,由礼宾副使卢文寿负责改建工程。新的太祖御容殿建成后,遂成为江南最早的太祖御容画像崇拜的神圣场所。此后,每年的元旦、冬至,每月的初一、十五,

---

[1]《资治通鉴》卷292,第9671页。

扬州的地方官都要集体到这里来举行"朝拜"活动。①

　　太祖的御容崇拜在扬州的兴起，其背后的原因相当复杂。宋朝继承了后周的军队和地盘，其基本盘都是在北方。统一天下后，其政治重心也在北方，朝廷之上，重北人而轻南人的风气，一度十分盛行。

　　真宗大中祥符八年（1015），举行了例行的科举考试，阅卷结束后，真宗打算让江西人萧贯当状元，却遭到名相寇準的极力反对，他竟然公开讲："南方下国人，不宜冠多士。"把南方人视作"下国人"，公然羞辱南方人还底气十足，足见北宋前期南方政治地位的低下。太祖、太宗时代，宋军相继消灭各地割据政权，基本完成对天下的一统，这个过程实际上也是北方对南方从胜利走向胜利的历史进程。宋初统一战争中，事实上并没有执行过所谓的"先易后难，先南后北"的战略，即先打下南方各割据政权，再北上解决北汉和契丹，完成统一事业。这一说法，纯属后来不明就里之人的一厢情愿。

　　事实上，太祖时代几乎每年都派兵攻击北汉，先南后北战略并非一种事实战略。但是，对这一战略的误解和轻信却得到宋人的长期认可，其背后深层原因无非就是他们更愿意相信南方是战场上的弱者，一开始就暗置了南方不如北方的意思在里面。

　　北宋初期，朝堂之上北人对南人具有压倒性的优势，而宋朝政府统一南北后在政治上施行的一系列限制南人的政策，无疑又助长了北人的这种心态。太平兴国七年（982），宋太宗曾以诏书知会御史台要求审查全国官员的乡贯，严禁南方人在本道担任知州、通判以及转运

---

① 《宋会要辑稿》，第718页。

使等官职。①宋代前期的执政集团一贯看不起南方人，他们还编造了一个太祖曾定下不准南方人当宰相的祖宗旧法。

景德年间，真宗送太祖御容像到扬州，看似偶然，其实背后的原因并不简单。因为南北方政治地位的变化，正是从真宗朝开始的。真宗时代，宋朝的文治国策已经稳步推行多年，擅长文学的南方人开始大量进入朝堂，渐渐形成一股新兴的政治力量。一方面是南方人渐渐崛起，另一方面是传统的压制南人的政治风气还在，双方的冲突自然不可避免。除了朝堂上的明争暗斗之外，南方民间对这种情况恐怕也积累了相当多的怨气。江南是南方的精华之地，经济、文化最为发达，面对这种情况，江南人可能更为不满。

江南如何才能从打酱油的角色逆袭为大宋王朝舞台上的主角，民间开始大开各种脑洞。仁宗亲政以后，江南民间突然开始流行一个"东南有王气"的传言，类似的传言历朝历代都有，多少反映了一些民间的不满情绪。

面对汹汹舆情，景祐四年（1037）六月，仁宗派礼宾使白仲达、入内供奉官苏绍荣前往扬州，视察了建隆寺的太祖御容殿，并受命对建隆寺的太祖御容殿进行改造。大概是因为之前寺内太祖御容殿只有太祖御容画像，看起来还不够豪气，于是命工匠又打造了一尊太祖的神御塑像，并给建隆寺的太祖御容殿赐名"章武殿"，希望以太祖的"武略"镇服江南。另一方面又可以用太祖的天子气以应民间"东南有王气"的期待，因为太祖的御容画像和塑像在扬州，也就相当于太

---

①《长编》卷23，第531页。

祖本人在扬州，东南的王者气就是太祖本人。①

其实，东南的王者气，大概预示的是宋室南渡的历史以及宋代皇帝御容像的最终归宿是在江南的结局。

除了前面提到的各处御容殿流亡到东南各州以外，早在建炎三年（1129）八月，南宋朝廷鉴于滁州端命殿的太祖御容像处于宋金对峙前线，已不安全，遂将太祖御容像迁移到建康府的天宁观万寿殿奉安。②端命殿对于宋朝来说，也有着非同寻常的意义。

皇祐五年（1053）三月，仁宗发布诏令说："太祖擒皇甫晖于滁州，是受命之端也；大庆寺殿名端命，以奉太祖。太宗取刘继元于并州，是太平之统也，即崇圣寺殿名统平，以奉太宗。真宗归契丹于澶州，是偃武之信也，即旧寺殿名信武，以奉真宗。"这则诏令的意思是，宋朝决定在滁州、并州、澶州这三处地方兴建三座御容殿，专门收藏和供奉太祖、太宗和真宗的御容画像。据说这个决定，是在接受滁州通判王靖的建议下作出的。这三处御容殿分别标志着大宋王朝历史上的三个关键时刻。

其中并州统平殿和澶州信武殿的故事，素来知名于世，统平殿代表宋太宗灭北汉，开创"一统太平"的伟大基业；信武殿代表宋真宗亲征澶州，与契丹缔结澶渊之盟，奠定了宋辽百年和平的信义基础，上述两件大事，在它们发生的时候，就已是重大事件。而端命殿的"故事"，却没有前两者出名，因为其发生的时候宋朝还没有建立，事件本身的意义在当时也并不明显。

---

① 《长编》卷 120，第 2832 页。

② 《系年要录》卷 26，建炎三年八月庚午，第 609 页。

后周显德三年（956）正月，周世宗亲征南唐，双方大军相持于"寿春—滁州"一线，南唐以宿将皇甫晖镇守滁州的清流关，清流关在滁州西北二十余里，绝对称得上是滁州城的屏障。周世宗派前锋部队从正面进攻，皇甫晖率南唐军队正面迎战，双方排好了阵势。这时周世宗突然让宋太祖分兵绕道进攻滁州，于是当皇甫晖在正面与后周军队对峙时，宋太祖率部突然出现在皇甫晖的背后，皇甫晖因腹背受敌，只得放弃清流关，率领南唐军队退回滁州城。

宋太祖带兵直抵城下，皇甫晖为免仓促应战，对宋太祖说："人各为其主，愿容成列而战。"想以此为自己争取更多的战斗准备时间。宋太祖却不慌不忙，"笑而许之"。过了一段时间，皇甫晖准备好了人马，从城中出来。这时宋太祖居然单枪匹马冲入敌阵，大喊："吾只要皇甫晖的命，不关其他人的事！"皇甫晖的士兵都被太祖的气势吓住了，纷纷闪躲在一旁，太祖直冲到皇甫晖面前，一剑就击中了皇甫晖的头，皇甫晖遂失去了战斗力，被太祖生擒，南唐军队眼见主将被俘，瞬间大溃，后周军队遂攻下了滁州城。[①]

皇甫晖出身于唐末五代时以骄兵悍将著称于世的魏州军队，是成名已三十年的宿将。唐庄宗末年，皇甫晖还只是魏州军队中的一名普通士兵，庄宗晚年，痴迷于戏剧表演，宠信伶人，猜忌大将，激化了统治集团内部的矛盾。同光四年（926），只是一个普通士兵的皇甫晖，在邺城煽动兵变。庄宗命大将李嗣源领军平叛，结果叛军却拥戴李嗣源称帝，并挥师反攻京城，伶人出身的军头郭从谦趁乱起兵，射杀了庄宗。

---

① 《资治通鉴》卷292，第9670页。

图3-2　唐庄宗立像　台北故宫博物院藏

在此顺便说一句,传世的唐庄宗画像(见图3-2),紫袍扶带,一看即是明代流行的打扮,绝非五代时人所能画得出来的。

李嗣源带兵轻轻松松地收拾了残局,进入洛阳即位为皇帝,是为后唐明宗。庄宗之死,与明宗之立,邺城之乱是最直接的导火索,由普通士兵皇甫晖引发的这个连锁反应最终改变了整个五代的天下格局,皇甫晖从此一举成名天下知。明宗即位,破格提拔他当了陈州刺史。后晋天福十二年(947),契丹大军南下灭后晋,中原大乱,此时皇甫晖已是密州刺史,见大势不妙,率部南下投奔了南唐,并很快得到了重用,官至奉化军节度使、同平章事,镇守江州。

周世宗这次南征,南唐方面的军事部署,是以刘彦贞为北面行营都部署,以二万人守寿春,另派皇甫晖为"应援使",与常州团练使姚凤一起统兵三万为后援。刘彦贞是个贪官,靠花钱收买权贵才当上的大官,其实完全不会打仗,一战即被后周大将李重进斩杀于阵前。南唐军见主帅战死,全线溃败,全靠皇甫晖收聚残军退保滁州才勉强维持住了局面。

滁州阵前生擒皇甫晖,是太祖在后周禁军中确立起自己威名的关键一役。此前的高平之战,太祖的表现只是中规中矩,并不亮眼,而这次犹如神兵天降般地于阵前生擒敌军主将的表现,才为他赢得了在军中的威名。此战之后,太祖才开始有了"主角光环",据说战后,"太祖威名日盛",每次出战,都以"繁缨饰马,铠仗鲜明"[1],成为后周禁军中的一颗闪耀的明星。

战后不久,太祖因战功被提拔为殿前都指挥使,跻身殿前军的高

---

[1]《资治通鉴》卷292,第9671页。

级指挥官行列，奠定了太祖在后周禁军中的权势和地位。

太祖当上皇帝，是在陈桥驿的黄袍加身，靠的是禁军将领和士兵的拥戴和支持，而禁军对太祖的拥护就是太祖的"天命"。太祖开始展现自己的天命，正是从滁州生擒皇甫晖一战开始的，这就是仁宗在诏书中所谓的"受命之端"，也在后来成为宋人的普遍认知。皇祐五年（1053）三月仁宗下诏创建端命殿的同时，还任命宰相庞籍担任"奉安太祖御容礼仪使"，参知政事（副宰相）梁适为副使。三月二十四日，庞籍、梁适带着太祖的御容画像离开京城前往滁州，临行前，仁宗还特意让百官在"都门"外给二人践行，可谓是规格很高的礼仪安排了。[1]

这个时候，再回过头来看一下扬州的太祖御容殿，可以发现，滁州端命殿并不是江南地区唯一一处拥有太祖御容画像的地方。正如前文所述，早在端命殿创建之前几十年，扬州的建隆寺就已开创了江南地区的太祖御容画像崇拜。扬州章武殿、滁州端命殿的出现，正是在这样的背景下展开的，它彻底扭转了江南与宋朝的关系。江南不再是王朝叙事中的被"征服者"，而是大宋开国的起源地，是太祖的"龙兴"之地。

滁州端命殿的出现，标志着这里是太祖事业的开端；扬州的章武殿，彰显着太祖的赫赫武功，江南瞬间从大宋开国故事中的反面角色或三、四流的配角一跃变成了拥有主角光环的大咖了。有趣的是，所谓东南的王者之气，最后应到了高宗身上，尽管高宗在扬州的狼狈经历，一点也配不上王者的霸气。但当年分布在北方的那么多的宋代皇

---

[1]《宋会要辑稿》，第718页。

帝御容像,最后却是在亡国之后随着高宗一起流落到了江南,东南人民期盼已久的王者气真的到了东南!

不过,祖宗御容像虽然在温州安顿下来,但离皇帝本人越来越远,却不是一件好事。

高宗在建炎四年(1130)二月结束了海上的漂泊以后,只在温州作了短暂的停留,之后就去了明州。在明州待了一小会儿后,又决定去越州,最后在四月十二日进入越州(今浙江绍兴)。高宗随后在越州住了两年多,这期间,南宋的整体形势开始逐渐好转。事实上,"海上流亡"之后,金军从此再也没有能力攻入江南腹地,高宗的小朝廷终于转危为安,此后渐渐开始考虑重建皇帝的权威。

事实上,从沦陷州县抢救出来的御容像虽然大多放在了温州,但高宗随身可能也有一些便于携带的御容画像,在越州安顿两天后,四月十四日,高宗下令将随行所带的御容像暂时安放到越州的天庆观。此后陆陆续续有一些御容像被护送到临时首都——"行在"越州。十一月十日,三省官员向高宗汇报,薛恭度护送太祖御容像到了越州,高宗让三省官员前去辨视查看,验收完毕后暂时放置到天章阁中供奉。不过,这时所谓的天章阁,其实是"虚拟的"。

越州在当时并不算大城市,高宗与大批朝臣短时间内都聚集到这里,房屋紧张不说,财政也比较困难。有史料记载,高宗在越州时的花销是,每月支付官员的工资约26.9万贯,官员们吃饭,需要供应米7800多石,官员们出行要骑马或坐马车,需要相应的马料160多石,马草1400多束。士兵的军饷钱25万多贯,另外军需供应还要米4万多石，大麦4000多石，谷600多石，马草2万多束。①可见，最初高宗的小朝廷根本没法给天章阁提供具体的物资支持。

恰巧高宗之前为了海上避难，征集了许多大船，所以就把天章阁暂时设置在船上，名为天章阁，其实就是一间船舱。直到八月一日，高宗觉得天章阁一直放在船上，实在太有损皇帝和朝廷的颜面，便以御容像放在船上不方便大家朝拜为由，下令把"行在粮料院"占住的"法济院"空出来，将天章阁的祖宗御容像安放到"法济院"供奉。

从这个安排来看，高宗一度是想长居越州的，越州远离宋金对峙的第一线，又靠近大海，如果金兵打来，也方便高宗往海上跑，所以给了高宗很大的安全感。另一方面，越州是古越会稽之地，历史上越王勾践在这里卧薪尝胆，终于报了吴国给越国的亡国之辱。所以世人有"会稽乃报仇雪耻之地"的说法，高宗也想利用这一舆论给南宋军民打气，进驻越州后的第二年正月，高宗取"绍祚中兴"之意，改年号为"绍兴"，向天下臣民宣示他要带领南宋军民抗战到底、再造中兴的决心。绍兴元年（1131）十月，高宗将越州升级为"府"，以这个年号给越州改名"绍兴府"。

高宗想要长期滞留在绍兴的举动，却引得朝臣的一致反对，大臣们多数认为，绍兴除了方便往海上跑路以外，没有别的优势，一面喊着"绍祚中兴"的口号，一面又躲在僻在海隅的绍兴苟安，实在是没法向天下人交待。

更重要的是，绍兴只是一个小城，经济实力不足以支撑一个王朝的都城——就算偏安的小朝廷也不行，且又远离大江大河，交通不

---

① 庄绰：《鸡肋编》卷中，中华书局，1983年，第79页。

便，特别不利于各地物资的输送，无疑大大加重了高宗的小朝廷在越州的生活困难程度。由于高宗和大批官员突然大量聚集在绍兴，当地物价暴涨，一只兔子要卖五、六千钱，连一只鹌鹑也要卖三、四百钱，搞得高宗只得放弃吃兔子和鹌鹑的爱好。①绍兴二年（1132）正月，高宗也承认"会稽漕运不继"，不得不离开绍兴前往临安。

---

① 《系年要录》卷38，建炎四年十月癸未。

如朕亲临

第四章

带着『皇帝』上战场

建炎三年（1129）八月，刚刚经历了扬州大逃亡和苗刘之变的高宗，在获知了金军又要大举南下的消息后，决定让大将杨惟忠率领"卫兵"万人护送隆祐太后以及后宫女眷三百多人撤离已经是宋金前线的建康府，同时让朝臣中的非军事人员在权知三省、枢密院事滕康等人的带领下，陪同隆祐太后一起撤到大后方的洪州（今江西南昌）。

有意思的是，隆祐太后此行还带着从开封迁到建康的钦先孝思殿的御容像同行，这批祖宗的御容像跟着她从河南到江南再到江西，走遍了小半个中国。

隆祐太后为哲宗的第一任皇后，神宗死后，哲宗年幼，朝政大事都由宣仁太后主持，隆祐太后为禁军军官、马军都虞候孟元的孙女，十六岁时与一百多个"世家女"一起入选宫中，得到宣仁太后的喜爱，被立为哲宗的皇后。她的皇后册立大典，极为隆重，整个行礼过程中，守旧派大臣集体出动，负责大婚"六礼"的各个环节。首相吕大防、枢密院长官韩忠彦负责"奉迎"，副相苏颂、枢密院副长官王岩叟负责"发策"，副相苏辙负责"告期"，翰林学士范百禄负责"纳成"，吏部尚书王存、户部尚书刘奉世负责"纳吉"，翰林学士梁焘负责"纳采"和"问名"，场面极为壮观。①

哲宗亲政以后，一反宣仁太后之政，标榜要继承父亲神宗的遗志，将变法进行到底，起用变法派大臣，罢斥守旧派大臣。当年由宣仁太后选中、由守旧派大臣集体站台的隆祐太后，就成了哲宗与变法派大臣的眼中钉、肉中刺，在一系列的操作之下，终于被废，勒令出家为尼。哲宗死后，徽宗即位之初，倾向于调和守旧派和变法派，她得以恢复皇后的身份，称"元祐皇后"。但不久徽宗重用蔡京，重新打起变法派的旗号，她又再度被废，成为北宋后期混乱不堪的政治斗争的牺牲品。正是因为她的这个特殊身份，传世的隆祐太后画像没有像宋代别的皇后那样以凤冠翟衣示人。

不过也因为这样，她成了北宋亡国之际皇室长辈中唯一躲过了靖康之难的重量级人物。徽宗朝后期，她作为"废后"，没有住在宫中，而是住在大相国寺前她哥哥的儿子军器少监孟忠厚的家中。金军攻破开封，徽宗、钦宗以及全部后妃都被金军掳走，只有她留了下来，成为大宋皇室硕果仅存的"大家长"。金军撤走后，大臣们把她接回宫中，尊为"元祐皇太后"，受百官朝拜，垂帘听政，实际上以她的名义在北宋亡国之后和南宋建国之前，组织了一个临时过渡政府。

高宗能当皇帝，固然是因为他是徽宗留在宋朝境内唯一的儿子，但在即位的合法性上，却来自隆祐太后。高宗在应天府正式登基之前，是隆祐太后以"手书"向天下人宣告高宗应该"缵康邸之旧藩，嗣宋朝之大统"，并鼓励高宗"汉家之厄十世，宜光武之中兴；献公之子九人，惟重耳之尚在"，用光武中兴和晋文公复国的故事鼓舞人

①《宋史》卷243《后妃下》，第8632页。

图4-1　隆祐太后半身像　台北故宫藏

心。这份手书虽然是当时最会写"官样文章"的大家汪藻起草的，但却是以隆祐太后的名义发布的，这是高宗即位最重要的合法性手续。

在高宗正式即位前几天，也是她派人将象征皇权的"圭宝""乘舆""服御"等御用物品送到应天府交给高宗。高宗即位后，因"元祐"二字触犯太后祖父"孟元"的名讳，而改尊她为"隆祐太后"。

隆祐太后一行一到洪州，就成了金军攻击的目标。建炎三年（1129）十月，金军攻下黄州，立即从黄州渡过长江，从大冶县直扑洪州而去。十一月八日，金军已逼近洪州，护卫隆祐太后的百官商量，决定立即转移。十一月十七日，太后一行抵达吉州，十一月二十三日，金军的追兵也尾随至吉州，结果还没跟金军开打，宋朝方面自己先乱了。

先是知州杨渊见金军来了，立马弃城跑路，然后是群臣带着隆祐太后仓皇出逃，搭船撤出吉州城。一行人刚跑到城外的"争米市"，这时金军差点就追上了太后的"御舟"，他们只得连夜赶路，第二天早上船行到了太和县。这时在混乱之中，又出了船夫耿信率众闹事的乱子。接下来最令人不解的事发生了。护卫太后的禁军大将、龙神四厢都指挥使杨惟忠所带的万人禁卫，被一群船夫这么一闹，居然给闹散了！

在不满与绝望中行军多日的部分禁军残兵趁机作乱，在将校傅选、司全、胡友等九人的带领下，竟然脱离部队，落草为寇去了。

整个队伍彻底散了，负责领队的杨惟忠与权知三省、枢密院事的滕康等人一起逃到山里躲了起来，而随行人员也只顾各自逃命，把太后的仪仗、衣服、座驾全都扔在了一边。从钦先孝思殿带出来的祖宗御容像也散落一地，后宫女眷一百六十多人被冲散，不知所踪。这时金军已追到了太和县，而隆祐太后身边的随从已不到百人，幸好找到几个农夫，用"肩舆"抬着太后最后逃到了虔州。①

这次吉州大逃亡中，南宋朝廷上下的无能表现得淋漓尽致，文恬武嬉，上下离心，简直没一个能打的。从武将杨惟忠，到文臣领班滕康，全是"干啥啥不行，跑路第一名"的狠角色。组织管理也毫无章法，在跑路的过程中，居然可以激起船夫造反，而一万多禁军竟然因

---

① 《系年要录》卷29，建炎三年十一月丁卯，第675页。

为船夫造反,连金军都没碰到,就溃散了。

整个过程中,唯有一个宗室子弟赵士嶔的表现可圈可点。

他是太宗的五世孙,与徽宗为同辈,于高宗为叔父辈。太后一行在吉州被冲散时,赵士嶔从一艘大船中看到两幅宋代皇帝的御容画像,散落在船上没人管,这些御容画像可能就是隆祐太后一行从钦先孝思殿带出来的。他立即把画像捡起来背在身上,赶紧向外逃命。后来,在半路上他碰到一群溃兵,大约有几百人,赵士嶔跟他们一起逃到了山中。士兵们商量,反正已经跑到了山里,干脆占山为王、落草为寇算了。

赵士嶔这时从身上解下御容画像,拿起来一边展示给溃兵看,一边劝说道:"大家当盗贼不过是为了混口饭吃,但当盗贼的话,吃了上顿不见得有下顿。比起当兵,天天都有州县供给饮食,那差得太远。我是皇室近亲,我可以带着你们去找这里的官府,让他们给大家供应吃的。这样的话,我们不但今天不会挨饿,而且等渡过这次难关,我们还有功,朝廷该给的奖赏一定不会少了大家的,可谓一举两得啊!"

他如果只是说这些带着"利诱"性质的话,已经当了逃兵的溃兵们,未必会有什么触动,但他说这话时是举着皇帝的御容画像的,溃兵们看到眼前皇帝的御容画像,犹如见到皇帝站在自己面前,那种感觉今天的人恐怕很难想象。

在御容画像的感召之下,溃兵们最终幡然醒悟,放弃了落草为寇的想法,决定归队,他们跟着赵士嶔一起到了虔州,找到了隆祐太后。此事也可在《系年要录》中得到印证,书中在建炎四年(1130)正月十三日记载,当日有主管侍卫步军司杨惟忠所部叛军将领司全、张拟二人，"以所劫神御诣虔州行宫请降"。①御容画像在劝服溃兵们时，可谓发挥了比实实在在的武力更有效的神奇功效。

赵士崶在事后也得到朝廷的褒奖，获得了破格提拔，当上右监门卫大将军、惠州防御使。绍兴二十一年（1151），在他病死后，高宗特地下诏追赠他为宁远军承宣使，追封建安郡王。②

赵士崶的世系不详，不过可以肯定的是，他并非近支皇族，作为太宗的五世孙，他与高宗的血缘关系其实已经很遥远了，最初出仕也是靠着宗室的祖荫当上了个小官。高宗初年，他已入仕多年，才只做到"太子率府副率"这样的小官。而在他死时却能被封为郡王，足见他在吉州之乱中的表现深得朝廷的肯定。有趣的是，他在战场上意外立下大功，竟然是因为在关键时候能够拿出皇帝的画像感动叛军，可见皇帝亲自上战场在当时能够产生多么强大的感召力了。

南宋建国后，期盼抗击金人，收复中原的大臣都力劝高宗亲征，或至少亲临抗金战事的第一线，以激励人心，然而贪生怕死的高宗往往是在抗金军民最需要他的时候，躲在后方自求多福。反倒是列祖列宗的御容肖像无意中上了战场，起到了另类的亲征效果。

绍兴元年（1131），位于陕西终南山的上清太平宫的一个叫做訾全真的道士，带着太宗和真宗的御容画像，从即将沦陷的凤翔府南下越过秦岭进入四川，找到了当时主持川、陕军政的"宣抚处置使"张浚，此时的张浚正惊魂未定，拿到御容画像后，派人带去成都奉安在了新繁县的重光寺。

---

① 《系年要录》卷31，第708页。

② 《宋史》卷247，第8755页。

图4-2　《中兴四将图》局部　中国国家博物馆藏

　　张浚是南宋初期宋金战场上的风云人物。

　　他本来是个文臣,建炎三年(1129)三月,苗刘之变爆发之时,他正以礼部侍郎之职,在平江府(苏州)节制平江、常、秀、湖州以及江阴军军马。当时禁军大将张俊正率部进驻平江,张浚激励诸将勤王,又与当时正在江宁府督军的江东制置使吕颐浩联络,于四月初带着刘光世、韩世忠、张俊三大将兵马进驻杭州,苗、刘率部外逃,高宗复位。张浚因勤王之功,立即得到重用,在三十岁出头的年纪,就当上枢密院的长官,成为南宋政坛最耀眼的新星。

　　北宋后期,由于长期与西夏作战,号称"西军"的陕西宋军成为宋军野战能力最强的部队,所谓"中兴四将",除岳飞以外,刘光世、韩世忠、张俊三人都出身于"西军"。

　　南宋建立后,陕西大部分地区仍在南宋的统治之下,而陕西宋军也是南宋军队中最有实战经验的精锐之师。陕西宋军士兵精练、名将云集,但在军事领导体制上,却有一个大问题,就是由于宋朝在陕西的军政建置过于分散,本就不算太大的陕西之地,被切分为"五路"到"六路"之多。各路军马互不统属,遇有战事,就互相推诿、见死不救、委过于人,缺乏有威望的统帅居中协调、统一指挥,在金军的进攻之下，形势越来越不利。

鉴于陕西战场形势的恶化，建炎三年（1129）七月，刚刚当上枢密院长官的张浚，被委以重任，出任"宣抚处置使"，全权负责川陕战场的军政事务。

张浚到陕西后，差不多花了一年的时间，整顿混乱的军政秩序，特别是理顺了各路将领的关系，树立起了自己在陕西诸军中的威望。建炎四年（1130）秋，为减轻南宋在东南地区的压力，张浚调集陕西的永兴军路、环庆路、熙河路、秦凤路、泾原路五路宋军，合计兵四十万人，决定主动向金军发起进攻，迫使金军将战略重心从江南战场转移到川陕战场。

九月二十三日，陕西五路宋军主力在富平与金军会战，结果遇到前所未有的大惨败。战后，张浚不但不肯正视自己在军事指挥上的无能，反倒委过前线将帅，于十月一日，将环庆路宋军的主帅赵哲处斩，激起环庆军的怨愤，其部将慕容洮率所部叛投西夏。而在战前，陕西宋军中的名将曲端因反对贸然集中兵力与金军决战，已被张浚罢官。张浚这一系列的"骚操作"，终于使得陕西前线士气断崖式下跌。

张浚见状不妙，竟然不敢在陕西前线督军，而是先从处在宋金对峙一线的邠州（今陕西彬州）跑到远离前线的秦州（今甘肃天水），然后又南逃到川陕交界处的兴州（今陕西略阳），才暂时停了下来。而南宋的陕西防线则全线崩溃。建炎四年（1130）十一月，金军在休整完毕之后，大举进攻陕西各路州郡，而士气低落的陕西宋军全无斗志，重镇泾州（今甘肃泾川）、渭州（今甘肃平凉）、熙州（今甘肃临洮）的守将纷纷降金，至十二月，陕西五路的大部分地方都已落入金军之手。

　　带着太宗、真宗御容画像投奔张浚的訾全真，原本是凤翔府上清太平宫的道士。这是一个位于终南山中的道观，其地原属凤翔府盩厔县清平镇，北宋末年为了加强对上清太平宫的管理，在此置终南县，后升为清平军，由"清平军使兼知终南县，专管勾上清太平宫"。[①]

　　这个远离京城、看似普通的道观，为什么会有这么高的政治待遇，且受到北宋朝廷如此高规格的对待呢？

　　上清太平宫的创始人是一个叫做张守真的"神降"。张守真并不是一个真正的道士，而是类似于后世民间"跳大神"一类的"神人"。宋代官方编写的《国史》中记载，宋初，"有神降于盩厔县民张守真家"，这个神自称："我是天之尊神，名号叫做黑杀将军，是玉帝的辅佐之臣。"说话之间，肃杀风起，但神说话的声音却像婴儿一般喃喃自语。一般来说，婴儿的话，普通人根本听不懂，但张守真却听得明白。张守真靠着这个"神降"的把戏，据说远近之人前来求问祸福吉凶，无不应验。

　　开宝九年（976）太祖临死前，在滋福殿召见了他。十月十九日，也就是太祖死前一天，宦官王继恩带着张守真在建隆观举行"神降"仪式，在仪式上，张守真借黑杀将军之口，说了一段很奇怪的话："天上宫阙已成，玉锁开，晋王有仁心。"大意是在暗示太祖在人间的时间已经用完了，天上给太祖准备的宫殿也已经修好，通往天庭的大门已经打开，太祖该回归"天位"了，说直白一点，这话就是在暗示太祖"升天"的时间到了。而"晋王有仁心"一句，则是意指太宗是上天选中的下一个"天子"。

_____

①《宋史》卷87《地理三》，第2146页。

张守真的话，给太宗当皇帝帮了大忙，看起来就像是太宗找来给自己当皇帝制造舆论的吹鼓手。然而，如果结合"烛影斧声"的传闻，"神降"张守真在太祖死前一天以"黑杀将军"附身的方式预言太祖之死和太宗的继位，那就不仅仅是制造舆论那么简单。

史书中的相关细节值得琢磨：十月十九日，带着张守真搞"神降"活动的王继恩，是太祖在宫中最为亲信的宦官。十月二十日，太祖刚刚咽气，太祖的皇后宋氏立即派王继恩出宫去传召太祖的儿子赵德芳入宫，可见宋皇后是信得过王继恩的。但接着诡异的一幕就发生了，王继恩领命出宫后，竟然自作主张地跑去开封府衙找到了太宗。当王继恩领着太宗来到太祖寝殿时，宋皇后先是问："赵德芳来了吗？"王继恩却答道"晋王来了。"

在看到太宗进来之后，宋皇后的第一反应是"愕然"。

显然宋皇后没有想到，王继恩会去找太宗，这虽然说明王继恩早就与太宗勾结在一起了，但直到太祖死前，王继恩与太宗的亲密关系仍然没有暴露。而且更有意思的是，王继恩到开封府衙的大门前，看到开封府的"押衙"程德玄大半夜的居然坐在府衙的大门前，就问他是怎么回事儿。程德玄竟然回答说自己本来是在信陵坊睡觉的，二更天的时候，突然听到有人大喊"晋王有事找你"，但出门一看，外面空无一人，感到奇怪，他担心晋王可能会发生意外，于是就赶了过来。

这个半夜幻听的奇妙故事表明，太祖死的当晚，太宗其实早已做好了各种准备，甚至已经预判了太祖的死期，只等王继恩来报信了。①

张守真的神降预言也有王继恩的参与,二人的联手,准确地向世人宣告了太祖暴死的时间,恐怕也是已经早有勾结了。事后,王继恩受到太宗的重用,成为宫中最有权势的大宦官,而且还经常统兵在外作战,是手握重兵的大将。著名的王小波、李顺起义爆发后,负责统领禁军前去镇压的主帅就是王继恩。

而张守真在事后,也得到了太宗丰厚的回报。太宗即位七个月后,太平兴国二年(977)五月,正式下诏于张守真平日在乡间玩神降把戏的终南山北帝宫修建一个大道观,后来赐名"上清太平宫",张守真成为首任"宫主"。太平兴国六年(981),张守真搞神降用的大神"黑杀将军"被封为"翊圣将军",从一个民间的"野神"一举成为拥有朝廷正式编制的"正神"。

事实上,上清太平宫就是太宗为自己的皇位合法性打造出来的一个"圣殿"。真宗即位后,领会到太宗与上清太平宫的关系非同寻常,破格在上清太平宫为太宗修建了一座御容殿。因为按宋代的惯例,只有皇帝亲自去过并留下了"圣容"的地方,才可以修建御容殿。咸平三年(1000)八月,真宗下诏在上清太平宫修建太宗的御容殿。

真宗本人对上清太平宫也很有兴趣。他不但把上清太平宫中尊崇的"黑杀神"——"翊圣将军"升格为"翊圣保德真君",还让王钦若领衔编写了《翊圣保德真君传》,将黑杀神塑造为赵宋皇室的"家神",并进入到宋元道教的神仙体系中。著名的永乐宫壁画就把黑杀将军作为北极四圣之一画在三清殿的东壁之上(见图4-3)。真宗死

---

① 《长编》卷17,开宝九年十月癸丑,第380—381页。

图 4-3 黑杀将军 永乐宫壁画

后，仁宗在天圣二年（1024）六月，又为真宗在上清太平宫建了一座御容殿，奉安真宗圣容。①因此，上清太平宫中就供奉有太宗和真宗的御容像。

这也是为什么绍兴元年（1131）訾全真离开上清太平宫南下带着的御容像，恰好就只有太宗和真宗的两幅画像的原因。

其实，当时訾全真带着太宗、真宗御容南下，并非孤例。建炎四

————————

① 《宋会要辑稿》，第 719 页。

图 4-4 上清宫御容像可能的迁移路线

年十二月,陕西五路沦陷前后,也有武功大夫、环州安塞寨(今甘肃环县马驿沟村安塞古城)的寨主田敢,得到流散出来的太祖御容像,打算南下把御容像偷偷地带到南宋控制区,结果事情泄露,被金人抓起来,活活打死了。①訾全真带着太宗和真宗的御容像能够从凤翔府平安入蜀,实在是因为上清太平宫的地理位置离南宋川陕大军的前沿阵地较近的缘故。

陕西失守之后,四川成为金军的下一个全力进攻的目标。从绍兴元年(1131)初开始,金军向川陕交界地区推进。绍兴元年三月,金军攻陷福津、同谷等地,逼近兴州,张浚不得不将宣抚司的指挥部后

---

① 《系年要录》卷 42,第 912 页。

撤到四川腹地的阆州，这时原属凤翔府的"和尚原"成为宋金对峙的第一线。这时驻守在和尚原的是南宋川陕战场上最能打的名将吴玠，他以少量兵力挡住了金军大将"没立"的第一波进攻。和尚原在原凤翔府的南缘，訾全真带着御容像只要进入和尚原，基本上就安全了（见图4-4）。

值得注意的是，訾全真带着御容像入蜀的时候，金军正在全力与宋军争夺和尚原的控制权。

当时的人都认为，和尚原为川陕交通的咽喉，因此"最为要冲"，过了和尚原往南走，则可从多条路线进入四川，从此防不胜防，失去和尚原，就意味整个四川防线的崩盘。五月，金军仍以"没立"为主帅，集合数万骑兵分兵两路猛攻和尚原，结果又被吴玠利用和尚原的优势地形各个击破。

金军的骑兵自入中原以来，几乎所向披靡。宋军在中原、江淮、江南等战场上，在金军骑兵的冲击下，多一触即溃，几乎没有与金军正面交战取得大胜的战例，偶尔能够以多数兵力迟滞金军的进攻，或从侧翼拦截脱离了大部队的小股金军，便被视为大胜。而金将"没立"在和尚原两次被吴玠打得大败的消息，震动了金朝中央。金军立即进行总动员，集结各地精兵十余万人，由名将完颜宗弼（即"说岳"故事中大名鼎鼎的"金兀术"）率领，杀气腾腾地扑向和尚原。

十月二十日，金军主力抵达和尚原，以重甲骑兵强攻和尚原的宋军阵地，吴玠利用和尚原隆起的地形优势，居高临下地部署了多队的弩箭兵，分队连射，宋军的弩阵"连发不绝，繁如雨注"。金军骑兵的优势完全发挥不出来，眼见强攻伤亡太大，金军不得不暂时退兵，这时吴玠之前已布置好的伏兵又从山谷中杀出，金军本来就因为进攻受挫而士气低落，突遇伏击，顿时乱作一团，出现了前所未有的阵前大溃败，连主帅完颜宗弼都身中数箭，仅以身免。

对于宋朝方面记载的许多"大捷"，金朝方面一向是不承认的，但和尚原之战的惨败，连《金史》都不得不承认，在完颜宗弼的本传中是这么描述此战的："攻吴玠于和尚原，抵险不可进，乃退军。伏兵起，且战且走，行三十里，将至平地，宋军阵于山口中，宗弼大败，将士多战没。"和尚原之战，不但以少胜多，而且还是南宋军队首次取得在正面战场上击溃金军主力的大胜，不只缓解南宋在东南战场上的压力，也极大地鼓舞了南宋军民抗战的信心。

终南山上清太平宫的太宗、真宗御容像正是在这个时候被誊全真送到张浚手上的，这对于南宋川陕军民来说，无疑是在危难之中获得某种神圣力量的帮助。

神圣力量，也正是危难之中的人们最需要的精神安慰。张浚退到阆州以后，就发生了一件离奇的事情。一天，一个本来已经死了的士兵突然又醒了过来，到处跟人说张飞和关羽已经亲自带着兵马到了边境上，强敌已被打败，边关终于守住了。在金军大举进攻和尚原，试图打通入蜀通道的关键时期，这一"消息"给蜀人提供了巨大的精神力量支撑，绍兴元年（1131）十二月，张浚向高宗汇报，他已加封张飞为"忠显王"。①

此举其实对于张浚来说，颇有些"危险"。张浚以枢密院长官的身份出任川陕战场的最高军政长官，当初在离开朝廷之时，鉴于川陕与江南相距万里，特意赋予了他"便宜行事"之权，允许他代行部分

---

① 《系年要录》卷50，第1035页。

朝廷的权力，比如任命和处罚各级官吏、全权指挥川陕战场上的所有军队。但"封神"这种权力，一向为朝廷所独有，通常是由地方官向朝廷申请封号，然后由皇帝裁决后以正式诏令的形式予以确认。况且，比起任命官员和调兵遣将，封神并不属于特别紧急的军政事务，但张浚不但直接给张飞"封神"，还搞了个"先斩后奏"，说明在他看来，获得神圣力量的加持，这事儿很紧急，已到了顾不得君臣名分的程度了。

可以说，参照张飞封神的故事，訾全真带到四川的太宗、真宗御容像，给四川军民筑造起一个斗志昂扬的精神防线。

事实上，四川在整个宋代都离"皇帝"非常遥远，北宋京城开封和南宋的实际都城临安，都与四川不但有着万里之遥，而且山河阻隔，巴蜀之人其实很难亲自感受到皇帝的存在。这一点从宋代皇帝御容画像在四川的偶然出现中也可见一些端倪。

在京师以外，御容的获得以及御容殿的建立往往与皇帝本人的某些特殊经历相关，李心传曾在《朝野杂记》中谈到地方神御殿，"国朝惟祖宗所尝幸则有之"。因此后来载入祀典的各地太祖神御殿，皆与太祖本人有特殊关系，如西京兴先殿，"以西京太祖诞辰之地"；滁州端命殿，因"太祖擒皇甫晖于滁州，受命之端也。"到仁宗中后期，只有拥有这种神圣联系的地方才可以建立神御殿的传统基本确立下来，除滁州以外，并州崇圣寺统平殿供奉太宗御容，以"太宗取刘继元于并州，是太平之统也"，澶州开福院信武殿供奉真宗御容，以"真宗归契丹于澶州，是偃武之信也"。

这些地方都曾经是皇帝个人在国家重大事件中所亲身经历的特殊地点。

　　然而，太祖本人与四川地方并无上述的那种经历，宋代史料中见不到太祖曾经亲历蜀地的记载，成都与太祖，二者之间似乎并无供奉御容所需要的那种神圣联系。不过后来随着蜀中御容殿规模的扩展，后人也试图制造出太祖与蜀地的关联，南宋时权礼部侍郎、四川眉山人杨椿（1094—1166）就曾经对太祖御容在成都的现象，给高宗做出过一个非常政治正确的解释，其理由是"盖太祖平蜀，蜀人感不杀之仁，肖天日之表而谨事之"。①

　　这个解释虽然相当老练，但明显不符实情，重光寺的太祖御容本是寺院僧人的个体行为，并不能代表蜀人的集体意愿。更重要的是，宋初蜀人对太祖的感情，恐怕也不会有如他臆想的那样感恩戴德。

　　宋初的平蜀之役对蜀人来说不算是一个愉快的经历，宋太祖在命将出师之际，有"国家所取唯土疆尔"的训示，大有以掠夺蜀中子女玉帛为激励士气之计的暗示。②后蜀归降后，宋军主帅大多恃功骄恣，所为多不法，"纵部下掠子女，夺财货，蜀人苦之"。③期间极端事件也频频发生，如"有大校割民妻乳而杀之"，④平蜀宋军的恶劣行为最终引发全师雄率领蜀兵起事，全蜀大乱，经大半年的战斗才最终平息。

　　南宋学者吕祖谦在论及这段历史时曾直言太祖"平蜀多杀，每以为恨"。⑤杨椿为蜀人，不可能不知道这些故事。他所谓的太祖平蜀后

---

　　①《系年要录》卷177，第3394页。

　　②《宋史》卷259《刘廷让传》，第9003页。

　　③《长编》卷5，第147页。

　　④《长编》卷5，第156页。

　　⑤《长编》卷16，第352页。

图 4-5 《明皇幸蜀图》局部 台北故宫博物院藏

蜀人"感不杀之仁"而制作太祖御容加以崇奉的话,不过是为了在高宗在面前,为家乡的这一难得的神圣场所,寻求更大的发展空间而提供的一个合法性论证罢了。

宋代四川与皇帝的距离,与唐朝根本比不了。唐朝定都长安,成都可以说是唐代皇帝逃难的首选地,唐玄宗、唐僖宗都到过成都,唐人绘画中"幸蜀"也是一个非常有名的主题。传世名画中就有据说是唐代宗室出身的画家李昭道所绘的《明皇幸蜀图》,画面中骑着马站在小桥前徘徊不前的正是玄宗本人(见图4-5)。

随着王朝政治中心的东移,宋代没有一个皇帝巡幸过成都,哪怕是逃难,也不会往成都跑。四川人民自然很难真正见识一下大宋皇帝的真面目。按照只有在皇帝亲自去过或跟皇帝有着特殊关系的地方才有资格奉安御容像的惯例,宋代的四川也是没有资格供奉皇帝御容像的。但在太宗雍熙年间(984—987),不知何故,有一个叫作"道辉"的僧人,竟然提笔在成都下属的新繁县(今新都区新繁镇)的重光寺药师院画了一幅太祖的御容壁画。[1]

唐代皇帝经常巡幸成都,所以四川的画家,特别是僧人群体中的画家,有许多都擅长给皇帝画"写真"。

广明元年(880)年底,黄巢起义军逼近长安,唐僖宗就带着亲信急忙出逃,避难到了成都。僖宗在成都差不多待了四年,中和五年(885)春天,黄巢之乱基本上被平定,长安和关中的形势重新好转,当年三月,僖宗一行人离开成都,准备返回长安。临走之时,四川人民认为僖宗这一走,蜀人可能再也见不到皇帝了,希望僖宗能够在成

---

①《建炎以来朝野杂记》甲集卷二,第82页。

都的大慈寺留下一幅御容画像以供蜀人在以后的时间里瞻仰圣容。于是僖宗让随行的宫廷画师"写貌待诏"给自己画个"写真像"以满足蜀地人民的愿望。

然而这时尴尬的一幕出现了,"写貌待诏"们虽然纷纷拿起画笔勾勒起了僖宗的面容,但都不能精准地描摹出僖宗的脸形轮廓,更没法捕捉到皇帝应有的神采——"不体天颜"。这时,长期生活在成都的民间画家常重胤提起笔来,"一写而成",当时围观的人都无不被他精湛的画技所慑服。①另外,宋太宗时的宫廷御用画师元霭也是"蜀僧",他"妙工传写",多次为太宗画像。所以道辉可能是专门给皇帝画像的"蜀僧"群体之一,或许他的画技还不够出类拔萃,没有被选入宫中为皇帝画像,而是流落在民间,但他大概不愿意让自己专门给皇帝画肖像的手艺就此埋没,于是在重光寺的"佛屋后壁"画起了宋太祖的画像。

从此,蜀人可以到重光寺来一睹天颜,但这幅画实际上是"野路子"的御容像,一直没有得到朝廷的正式承认。直到快一百年后,重光寺的太祖御容壁画才引起了四川地方官的重视。

熙宁六年(1073),刚刚到成都担任知府的赵抃向朝廷申请,重光寺药师院墙上的太祖御容壁画,应该"建殿奉安",但这个申请很快就被神宗给驳回来了。神宗认为专门为此修建一所太祖的御容殿没有必要,但考虑到寺中确实有太祖的御容像,所以可以让人在太祖壁画所在的地方,搭个屋子,在外边搞些栅栏围起来,好好保护一下就

---

① (宋)黄修复撰,何韫若、林孔翼注:《益州名画录》卷上,四川人民出版社,1982年,第42页。

行了。

其实,真宗和仁宗时期,朝廷对散处各地的太祖御容像已颇为重视,在皇帝的亲自主持下,在中央和地方建立了一系列的太祖御容殿。在赵抃奏请建立成都御容殿之时,全国已有由朝廷敕建的太祖神御殿多所,如扬州建隆寺章武殿(始建于1005年)、洛阳应天禅院兴先殿(始建于1007年)、开封太平兴国寺开先殿(始建于1030年)、滁州天庆观端命殿(始建于1053年)。

赵抃官至参知政事(副宰相),一生三次到过成都任职,是当时朝廷重臣中最受蜀人欢迎的大臣之一。熙宁五年(1072)闰七月,神宗钦点他再任成都知府,此时的他已经为官成都两次,他在成都一向受到老百姓的爱戴。当时有人担心他已经是做过副宰相的人了,按照宋代官场的惯例,当过副宰相的人,一般不会再被派到离京城比较遥远的四川去当地方官,但神宗却说"蜀人一向喜欢赵抃,赵抃也一定肯去"。[1]

果然,赵抃领命之后,立即欣然前往。蜀人之所以喜欢赵抃,是因为他以前在成都当官,往往能想蜀人之所想,这次到任后,大概也是想为重光寺的太祖御容壁画争取正式的名分,所以才向朝廷申请建殿奉安。但他的奏请,对神宗而言可谓喜忧参半,一方面太祖御容在蜀中的出现,有利于皇帝和朝廷的权威在地方的扩张,强化蜀人的向心力。但另一方面,如前揭所示的那样,太祖御容出现在成都又不符合朝廷的礼制传统,如果将它载入祀典将开启一个特殊的先例,以后任何一个地方都可以随意制作御容,然后要求朝廷"建殿奉安",这

---

[1]《长编》卷236,第5753页。

不就乱套了吗！所以，他想为成都申请一座新的太祖御容殿的计划最后没能成功。

但重光寺的太祖御容壁画经过这次申请，却得到了朝廷的正式承认。神宗虽然驳回了修建成都御容殿的申请，但在诏书中已经变相地承认了重光寺中的壁画是太祖御容像的事实，并让地方官员好好保护。重光寺的太祖御容像也就成了蜀人与大宋天子进行连结的最直观的载体，大宋的开国皇帝的画像在成都，犹如太祖亲自在成都临视着他在四川的子民。

了解了上述太祖御容像在四川的曲折经历，就好理解绍兴元年訾全真带着太宗和真宗的御容像来到四川有多么珍贵了。本来，南宋初年从沦陷区抢救的御容像到了南宋控制地区后，通常会由地方官上报朝廷，然后朝廷派专人将御容像奉迎到指定地方安置，接收到御容像的地方，是无权直接处置或将御容就近奉安到自己的辖区里的。但张浚却一反常态，拿到太宗和真宗御容后，没有将御容送往行在临安，而是就近派人将太宗和真宗的御容像护送到成都的重光寺，与太祖的御容壁画奉安在一起。

绍兴四年（1134），仁宗、英宗、神宗的御容也从抗金前线的武兴，转移安置到了成都府新繁县，促成此事的是时任川陕宣抚副使的吴玠。巧合的是，此时的形势，与三年前张浚护送太宗、真宗御容入蜀时颇为相似。此时金军正集结重兵，发动新一轮的攻势，试图突破蜀口。绍兴四年既是川陕战场充满危机的一年，也是具有决定性转折的一年。三月，吴玠率军取得仙人关大捷，彻底粉碎了金军占领四川的企图，此后川陕战场进入相持阶段。事后吴玠晋升川陕宣抚副使，统率和尚原至仙人关一线大军，成为川陕战场对金作战的前敌总指挥。①

　　这批御容最初所在的武兴,即仙人关附近的兴州,是当时抗金前线最重要的一处前敌指挥部。而兴州的仁宗、英宗、神宗三朝御容,应该是从陕西各地流落到这里,再由吴玠送往成都重光寺的太祖御容殿奉安的。

---

　　① 粟品孝:《南宋军事史》,上海古籍出版社,2008年,第155—156页。

第五章

无奈的分离

如朕亲临

绍兴二年（1132）闰四月七日，高宗下诏要将温州的御容像通通送到临安来，特别是真宗的一尊御容像，一定要搬到临安来奉安。

其实，早在建炎三年（1129）七月，高宗在金军追击下南逃到杭州时，就已将杭州升格为临安府。绍兴二年（1132）以后，除特殊情况外，高宗都住在临安，临安成为此后南宋事实上的都城。于是临安成为高宗接下来重点打造的御容奉安之地。高宗属意于临安，其实早有先机可见，早在正式移驻临安前，他就已将天章阁的御容像转移到临安府法济院奉安，绍兴元年（1131）十一月十九日，高宗下诏在临安府寻找"严洁寺院"或"宽展宅舍"，用以安放天章阁的二十四位祖宗神御。

在临安府安顿下来之后，高宗更是开始着手彻底解决祖宗御容像因北宋亡国，流散各地的难堪问题。

讽刺的是，高宗一至临安，就过上了且把杭州作汴州的日子，早把中原河山忘得一干二净了，却一直对存放在温州开元寺的原万寿观的真宗御容像念念不忘。因为大多数的御容塑像是泥塑，而这尊真宗的御容像是以黄金铸造的，除了因为皇帝御容像而自带光环外，其本身的价值也不菲。这尊御容像是仁宗时期章宪太后用黄金为真宗打造的，当然是不惜血本。

至和二年（1055）正月，仁宗还让万寿观专门修建了"延圣殿"奉安这尊黄金御容像。元丰五年（1082）景灵宫建成后，原来散处在京城各寺观的御容像都集中供奉到景灵宫，只有万寿观延圣殿的这尊黄金御容像没有被收缴到景灵宫，仍然留在了观中，成为镇观之宝。北宋亡国后，这尊御容像先是被抢救出来安置在扬州，后来又跟着大部分御容像一起转移到了温州。

高宗时常对人讲，把真宗的黄金御容铸像放在外边，实在是太过显眼，长期放在外面，对盗贼来说，这简直就是在诱惑他们犯罪，万一出了什么事儿，必定有损朝廷的脸面。他又常常感叹道："朕流落至此，祖宗的陵寝是没法按时祭祀了，连祖宗的御容像都跟着受难，散处海隅各地，自己又与祖宗的御容像分隔两地，不能经常朝拜，每念及此，就食不甘味，坐不安席。"

所以对高宗来说，这些存放在温州的御容像只是乱世的无奈选择，等局势好转以后，是一定要搬迁到临安来跟自己在一起的。①

然而，高宗的这一愿望一时之间却很难真正实现。因为临安作为南宋的都城，很长一段时间其身份都颇为暧昧，当时的朝野舆论，还是想着收复中原，还于旧都。事实上，开封在南宋建国之初，仍然有一段不短的时间是处于南宋的实际控制之下的，只是高宗畏敌如虎，不敢回去而已。开封直到建炎四年（1130）二月才被金军占领，而这时高宗刚刚结束了在海上的流亡生活，南宋建国后最艰难的日子已经过去。等着有朝一日能够回到中原，仍然是朝野上下最大的期盼和南

---

① 《宋会要辑稿》，第726页。

宋政坛最有号召力的政治旗号。

绍兴元年（1131）四月，历尽磨难，刚刚经历吉州之难，从虔州回到临安的哲宗皇后隆祐太后孟氏病死。死前她留下遗命，不必马上安葬，可暂时在近处找个地方"权殡"一下，等跟金军的仗打完了，再"归葬园陵"。当然，她心目中将来的自己的陵园所在地，肯定不是临安或江南的某个地方，而是北宋皇陵所在的伊、洛之滨。

这时哲宗和徽宗初年的宰相曾布的儿子、时任江东转运使的曾纡也上书说：本朝皇帝和皇后的陵寝现今都在伊、洛之滨，不过几天，皇上就可以带着我们打回中原了，到时太后的梓宫就可以归葬皇陵。所以现在不必正式安葬太后，也不必修建宏伟的陵园，葬事从简，找个地方暂时安放一下太后的梓宫，称为"攒宫"，以示"权殡"之意即可。大臣们都赞成了他的方案，最后选择在绍兴的上皇村为隆祐太后修建了攒宫。①

以此类推，祖宗御容像本来是在中原奉安的，现在暂时存放在温州和福州等地，将来也是要回到中原的。在温州是暂存，在临安也是暂存，何必又劳师动众地把他们搬来搬去呢！即使到了绍兴五年（1135），南宋偏安江南的趋势已经不可逆转了，高宗打算在临安修建太庙，祭拜列祖列宗，结果却引起舆论的激烈反弹。

大臣们纷纷上书反对在临安修建太庙，因为太庙象征着"京城"之所在，修建了太庙，无疑是把朝廷定都临安、放弃中原的意思向天下人宣示。天下臣民、文武将吏一旦听到这个消息，势必大失所望，到时人心一散，队伍就没法带了——"万一四方传播，以为朝廷创建

---

① ［宋］王明清：《挥麈前录》卷1，上海书店，2001年，第8页。

太庙，兹焉定都，人人解体，难以家至户晓，至失兴复大计"。①

另一方面，高宗刚在临安住下，各方面的条件都较差，办公用房一度非常紧张。高宗自己住的"皇宫"都是原来杭州州衙改建的，作为办公场所的正殿只有一间。接见群臣，商议政事的时候就叫"后殿"，饭后引见群臣聊公事时就叫"内殿"，与儒臣一起讲经读书的时候，则改名叫"讲殿"，其实就是一个殿，不断地更改名字以应景而已。

所以迁建御容殿这种"不急之务"，在这时确实很难有正当的理由去占用本就有限的资源。

在高宗表示想将温州的祖宗御容像都迁到临安的第二年，绍兴三年（1133）五月十四日，礼部给高宗汇报了安排工匠制作隆祐太后孟氏御容塑像的事宜，并建议完工之后，送到温州的景灵宫奉安，奉安的时候，还要让温州的地方官带领暂住温州的皇族近亲成员一起参加奉安典礼。高宗批准了礼部的建议，这样一来，温州的祖宗御容像没有搬到临安来，温州反倒又新增了一尊皇后的御容像。当然，祖宗御容像大量汇聚于温州，也给地方财政带来了不小的困难。

绍兴三年（1133）十一月九日，温州知州程迈向朝廷汇报，温州每年围绕御容像开展的礼仪活动，要花掉57000多贯钱，希望朝廷能够给予补贴。最后是礼部从两浙路售卖和尚和道士的出家凭证（当时称为"度牒"）中所获得的收入，拿出20000贯来补贴给温州。②绍兴四年（1134）二月十四日，高宗下诏给暂时奉安在温州的万寿观、会圣

①《系年要录》卷72，第1618页。
②《宋会要辑稿》，第728页。

宫、章武殿三处御容殿"添置干办官"一员,由"入内内侍省"负责选派宦官前往任职。这些官制上的安排,更进一步强化了祖宗御容像在温州的存在。

虽然温州一度成为祖宗御容像的奉安之地,但高宗一直没有放弃把祖宗御容像迁移到临安跟自己待在一起的想法。而且随着高宗的皇位越坐越稳,这种需求就越来越强烈。特别是北方沦陷区不断有忠臣义士把御容像抢救出来,安置这些御容像也是高宗不得不好好面对的问题。

绍兴三年(1133)十二月二十二日,河南府、孟、汝、郑等州镇抚使翟琮从民间收集到一批太祖御容,翟琮向朝廷汇报了这一情况后,朝廷下令让江西安抚大使司派人前去迎奉这批太祖御容像前来行在临安。①

翟琮与其父翟兴自北宋末年起,一直在洛阳一带率领"民间武装"抗击金军,南宋官方一般称其首领为"土豪",称他们所带的部队为"乡兵"。北宋亡国之时,宋朝的泽州知州高世由以城降金,金人为表彰他主动投降,提拔他为西京留守,镇守洛阳。翟兴知道后,为了打击这群带路党的嚣张气焰,带着自己手下"步卒数百人",趁着夜色潜入洛阳,趁高世由不备,将其抓住,斩首示众,大大地鼓舞了当时宋朝军民的抗金斗志。②鉴于他在"北方沦陷区"坚持高举抗金的大旗,高宗即位后,还特意下诏给他,让他"团结义兵,保护祖宗陵寝"。显然希望利用他的力量保护洛阳附近的北宋皇陵。③

---

①《宋会要辑稿》,第728页。

②《系年要录》卷3,第77页。

③《系年要录》卷5,第124页。

此后金军多次进犯北宋皇陵所在的永安军，翟兴派其子翟琮率部与金军"搏战"，屡打胜仗。建炎四年（1130）初，范宗尹出任宰相，向高宗建议在北方沦陷区以及宋金双方拉锯战频繁的地区，设置"镇抚使"，承认他们对相应防区的军政管理全权，企图利用各种民间武装为南宋抵挡金军的进攻。

当年五月，翟兴被任命为河南府、孟、汝、唐等州镇抚使，将当时已为金军占领的包括洛阳在内的河南中部一带地区都划拨给他。名义上他还兼任南宋在洛阳的最高军政长官西京留守，但实际上这些地区基本是在金军的占领之下，他只能依靠少量的"乡兵"在这一带建立起游击区。而其游击队的总部则设在洛阳附近伊阳的凤牛山，为显示大宋王朝的存在，宋朝还将洛阳的正式行政建制"河南府"的府治迁移到伊阳山寨。他们的山寨邻近北宋皇陵，高宗还多次拨款给他，让他代表逃亡江南的南宋朝廷祭拜北宋诸帝的皇陵。翟兴在伊阳搞得风生水起，在南宋朝堂上也颇有声望。

绍兴元年（1131）二月，中书舍人胡交修甚至在上书中慨叹，南宋朝廷拥有东南二百州，却不如翟兴一人，他说，"翟兴在西洛，什伍其民，为农为兵，不数年，雄视一方。彼起于卒徒，犹能屹然自立于房巢之中，而不可犯，矧吾以东南二百郡，欲强兵御寇戎，能为兴所为乎！"[1]可见翟兴威名之盛，连一向自视甚高的士大夫都对他另眼相看。

不久之后，金朝在中原地区扶持刘豫建立"伪齐"政权，刘豫打算将都城定在开封，而翟兴所部占据着伊阳的凤牛山，对开封是个很

---

[1]《系年要录》卷42，第910页。

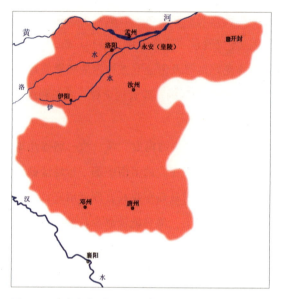

图5-1 南宋初年翟兴义军游击区示意图

大的威胁,所以刘豫派手下的蒋颐带着自己的"亲笔信"前去诱降翟
兴,信中说,只要翟兴肯投降,就答应封他为王。翟兴当即将前来劝
降的蒋颐处斩,并烧了刘豫的劝降信。刘豫见招降不成,于是花重金
收买了翟兴身边的副将杨伟。绍兴二年(1132)三月二十二日,杨伟
趁翟兴不备,割下了他的头颅跑到刘豫那里领赏去了。①

翟兴死后,南宋朝廷让其子翟琮继任了镇抚使之职,继续依托伊
阳山寨在沦陷区坚持抗战。这时,伪齐政权任命的河南尹孟邦雄为表
忠心,竟然去发掘了北宋皇陵。绍兴三年(1133)正月初一,翟琮带
着少量人马潜入洛阳,孟邦雄正在过春节,喝得酩酊大醉,被翟琮抓

①《系年要录》卷52,第1076页。

起来押回了山寨，此次斩首行动，干净利落地为宋朝出了一口恶气。①
但因此翟琮所领导的义军更成为伪齐和金军的眼中钉，遭到伪齐的连
番报复和重兵围困。

　　本来翟兴死后，义军的力量就受到重创，随着金军和伪齐在中原
统治的稳定，翟琮所部据守的伊阳凤牛山成了一个孤立的据点，处境
越来越难，终究是独木难支。绍兴三年（1133）七月，翟琮在凤牛山
实在无法再坚持下去了，被迫率部突围到襄阳。翟琮与其父在中原坚
持抗战多年，其游击区"开封—洛阳"一线又是北宋时期御容肖像分
布最集中的地方，御容塑像比较笨重，搬动不易，但御容画像携带方
便，翟氏父子领导的义军应该抢救出不少御容画像。当年十二月，翟
琮献上的太祖御容画像应该就是突围时带出来的。

　　南宋初年，从金人手中抢回北宋皇帝的御容像，涌现出不少可歌
可泣的忠义故事，但南宋朝廷的昏聩无能，也人为制造了一些亲者痛、
仇者快的悲剧。

　　洪迈所著的《夷坚志》记载，两宋之交，宿迁的尹氏家族，是当
地的大家族，在金军入侵时，尹氏家族"聚其族党起兵"抗金，"劫女
真龙虎大酋之垒"。在收拾金军大营的战利品时，"获祖宗御容"，因战
乱的关系，"道路梗塞，未暇贡于朝"，尹氏家族便把这批御容暂时存
放在家里供奉起来。结果同乡中有两个秀才，竟然向南宋官府告发尹
氏家族私自奉安御容，"狱吏不复究质，于是诸尹皆弃市"，制造了一
出骇人听闻的大冤案。②虽然《夷坚志》里的故事，往往怪诞不经，但

---

①《系年要录》卷62，第1223页。
②［宋］洪迈：《夷坚志》，中华书局，2006年，第722页。

在神鬼之外的社会生活的描写上,又常常比正史还精到真切。

另一方面,高宗的行在所临安没有大规模奉安祖宗御容像的场所,对南宋中央的神圣性和权威性也容易产生潜在的威胁。因为从北方沦陷区抢救出来的御容像,既然可以随意安放在福州、温州等东南沿海地区,那别的地方也可以依此因地制宜地奉安御容像,使得代表皇帝"亲身"经历的御容像,脱离朝廷的直接掌控。绍兴八年(1138),南宋以甘愿当金朝的傀儡政权为代价,换回了金朝所占的河南、陕西等地,宋金初步达成了第一次和议,高宗的投降夙愿终于得以实现。

次年年初,金朝终于将徽宗的梓宫归还给南宋。其实早在绍兴七年(1137)正月,南宋方面就得了金朝通报徽宗死讯的消息,为表现出自己是一个"孝子",高宗在得知父皇的死讯后就立即派人前去金朝迎请徽宗梓宫,并为徽宗发丧举哀。

徽宗其实早在绍兴五年(1135)就不堪折磨,一命呜呼了,但当时南宋方面并不知道这个消息。于是高宗君臣就把得到徽宗死讯那天算起开始办丧事,也按惯例在丧事办完后,给徽宗制作御容像。绍兴七年五月二十八日,高宗还下诏给徽宗的御容殿取名为"承元殿"。绍兴九年(1139)十月二十二日,徽宗的御容塑像制作完成,礼部和太常寺向高宗汇报奉安情况,鉴于景灵宫还在温州,于是建议将徽宗的御容像暂时奉安到天章阁,得到高宗的允准。①

同年,因为宋金第一次和议达成,原来供职于"伪齐"政权的大批降臣被放还回南宋,其中就有秦桧的姻亲兼死党郑亿年。郑亿年为北宋末年宰相郑居中之子,北宋亡国时举族南下避难,建炎四年

① 《宋会要辑稿》,第728页。

图 5-2　宋徽宗坐像　台北故宫藏

（1130）金军大举南下，横扫江南，高宗乘海船避敌之际，他被金人所俘。金朝扶植刘豫建立伪齐政权后，他入仕伪齐，历任侍郎、开封府尹、尚书右丞等要职。因为出仕伪齐的缘故，郑亿年声名狼藉，回到南宋后，为舆论所不耻。

为了引起高宗的好感，他在从金国回南宋的时候，带了祖宗御容画像五十轴南归，这可能是当时南宋朝廷获得的最大的一批北宋诸帝御容画像了。

绍兴九年九月五日，回到临安的郑亿年上书高宗，说自己这里收集到了祖宗御容画像五十轴，现在正存放在船上打算进献给朝廷，请临安府派人去奉迎这些御容画像到宫中收藏。在秦桧的帮助下，郑亿年迅速洗白，不但没被追究投身伪齐的这个重大的政治污点，反倒一路升官发财，过得安逸自在。虽说是靠着秦桧的包庇，但进献五十轴御容画像，成为他卖国投敌的唯一功绩，不得不说也给高宗和秦桧一伙包庇他找到了借口。①

绍兴十二年（1142），高宗在秦桧的帮助下完成了臭名昭著的第二次绍兴和议，高宗在临安的皇位彻底坐稳了。临安作为都城，再也没有异议了。这时高宗开始策划迁移祖宗御容像的大工程了。同时因为和议达成，双方使节的往还日渐正常，南宋使臣在出使金朝的过程中可以有意识地收购一些流散在北方的祖宗御容画像带回临安。

绍兴十一年冬，当宋金战争的关键时刻，被扣押在金国多年的南宋使臣洪皓派密使回到临安，向高宗奏报了金国内部的情报，他说："金已厌兵，势不能久，异时以妇女随军，今不敢也。若议未决，不若乘势进击，再造反掌尔！"这是非常重要的敌情，从洪皓在金国内部的观察来看，哪怕就算要实现"和平"，高宗只要再坚持一阵儿，也可以不必以达成屈膝投降的第二次绍兴和议的方式来实现。不过对于这么重要的情报，一心投降的高宗当然是不屑一顾的。

饶有趣味的是，史料显示，即便在暗中输送情报的危险时刻，洪皓还不忘让密使把他在金国获得的北宋诸帝的御容画像带回临安。②当然，随着绍兴和议的达成，南宋的使者可以不再偷偷摸摸地从金国占领区将御容画像带回临安了。绍兴十三年（1143），金朝放还一批被扣

①《系年要录》卷132，第2116页。

②《宋史》卷372《洪皓传》，第44560页。

押的南宋使臣，其中就有绍兴初年就出使金朝试图议和的朱弁，他在金朝被软禁了十多年，一直坚贞不屈，并且暗中收购了不少北宋诸帝的御容画像。《宋史》上说他回到临安后，向高宗进献了从"金国所得"的"六朝御容"，应该就是最常见的太祖、太宗、真宗、仁宗、英宗、神宗六帝的御容像。①

所以，绍兴和议实现以后，临安的御容像收藏应该会有一个较大的增长，如何妥善安置这些御容像也是高宗必须要考虑的一个问题。

事实上，高宗时代面临的这种御容肖像分散各地的情况，在北宋前期也曾经遇到过。北宋前期并没有一个关于御容收藏和供奉的统一安排和顶层设计，各个御容殿也是因地制宜，因时而起，带有较大的随意性。当时洛阳、太原、滁州、扬州等地的御容殿非常热闹，反倒是天子所在的京城，专门的御容殿却并不多见。而且即使有一些，也还并不在一起。如太祖的御容殿开先殿在太平兴国寺，而太宗的御容殿永隆殿则在启圣禅院，虽然都在开封城里，却分居两地。

太平兴国寺的旧址本为唐代的龙兴寺。周世宗废毁佛寺，将此寺改为储存军需物资的仓库。宋朝建立后，该寺僧人多次告御状，要求恢复寺院。僧人反复闹事，引起太宗不快，太宗让太监带着宝剑前去训斥闹事的僧人，临行前太宗对前去办事的太监嘱咐，到了现场这样跟僧人们说："此寺是前朝所废，早就改为仓库，用来存储军需物资了，你们一再来闹事儿，如今惊动了当今天子，陛下命我来砍你们的头！"并告戒道："如果僧人们听完后害怕求饶，那就当场斩了；如果剑架在脖子上都不怕的话，那就放了他们。"

①《宋史》卷 373《朱弁传》，第 11553 页。

太监见到闹事的僧人们,果然按照太宗的吩咐宣读圣旨,结果僧人们听后,都神色自若,毫无惧色,皆愿引颈就戮。之后太监回宫向太宗汇报了这个情况,太宗被僧人们坚定的信仰和视死如归的精神所感动,下令在原址重建佛寺。

太平兴国二年(977),寺院建成完工,用太宗当时的年号,给这座寺院赐名为"太平兴国寺"。寺中最有名的是两座大阁,有常见的佛塔那样高,这在当时已算是摩天大楼了。大阁中放置了一尊大佛,这尊佛像有多大呢?史料记载,进入大阁后,"登六、七级,方见佛殿腰腹,佛指大皆合抱,观者无不骇愕。"因此太平兴国寺的大阁成为开封城的一处地标式建筑,据说在城外数十里都可以看得见。太平兴国寺建成后,很快成为开封城中最壮丽的佛教寺院,太宗以后的皇帝都经常前往进香、礼佛、求雨等。[1]

天圣八年(1030)九月,尚未亲政的仁宗下诏在太平兴国寺的后院修建一所太祖的御容殿,赐名"开先殿"。当年十二月,命宰相吕夷简充任礼仪使负责奉安事宜。十二月十一日,把天章阁里的太祖御容请出来,暂时安置在会庆殿,举行奉安仪式。十二日,百官齐集殿前,仁宗亲自举行酌献之礼,相关部门配备仪仗、鼓吹、僧道威仪,组成护送太祖御容的队伍。十三日,临朝听政的刘太后又亲自出面主持了一次酌献礼。这次奉安典礼,大概是少有的皇帝和皇太后都分别参加了的御容安放大典了。开先殿建成后,仁宗会定期前往朝拜。[2]

但好景不长,景祐三年(1036),开先殿发生火灾,整个建筑基本

---

[1] (宋)钱若水修,范学辉校注:《宋太宗皇帝实录校注》,中华书局,2012年,第134—135页。

[2]《宋会要辑稿》,第718页。

被焚毁。这次火灾，大概是暴雨闪电引起的。事后，仁宗召集大臣商量修复开先殿的事宜，却遭到了大臣贾昌朝的反对。

贾昌朝当时担任崇政殿说书，经常给仁宗讲读儒家经典，是个很有学问的人，他的反对意见很有高度，他首先以《易经》的卦象为依据，他说"震卦"象辞——"洊雷震，君子以恐惧修省。"卦象中"震"的喻意即为"雷"，以示象征电闪雷鸣之时，是上天在示警，君子这时应该心怀恐惧，修省反思自己的言行。震卦的电闪雷鸣，本来只是一个比喻，巧的是，开先殿的火灾，并不是一般的火灾，而是被雷电击中才起火的，正好应了震卦所模拟的物象。

所以贾昌朝认为，开先殿不能修复，因为近年来佛寺道观经常受灾，这大概是上天在示警，老天爷以雷电击毁这些"违章建筑"是在提醒你，你却不以为意，毁一个，修一个，这是跟老天爷对着干啊！只有不修复，才可以体现出仁宗"畏天爱人之意"。①此后，开先殿差不多荒废了十年。尽管有些阻力，但仁宗还是在庆历六年（1046）八月完成了开先殿的修复。仁宗当即以自己最擅长的"飞白书"题写殿名。

好玩的是，贾昌朝在这十年间官运亨通，这时已经做到宰相了，结果依照惯例，贾昌朝成了开先殿修复后举行的太祖御容奉安仪式的礼仪使，他在九月份出面主持了太祖御容的奉安活动。②

开封城中另一处最有名的御容殿是属于太宗的。太宗虽然不是宋代的开国之君，但却是最早拥有"御容殿"的宋代皇帝。太宗特别擅

---

① 《宋史》卷285《贾昌朝传》，第9631页。

② 《宋会要辑稿》，第718页。

长抓住一些偶然性的事情给自己营造真命天子的舆论，搞一些纪念性的建筑向世人宣扬自己那本来平平无奇的早年经历的不平凡之处。

太宗在太祖时代，以晋王、开封尹的身份，主持京城开封的军政事务多年，积累了巨大的实力，开封可谓是太宗的"福地"。巧的是，太祖出生于洛阳，而太宗却正好出生在后来大宋王朝的都城开封。后晋天福四年（939），开封城中的崇德坊诞生了一个婴儿，这就是后来的宋太宗。当时太宗的父亲赵弘殷已经担任了后晋禁军侍卫亲军马军下辖的护圣营的指挥使多年，太宗出生的地方正是护圣营的官舍。太宗即位后，就着手将护圣营旧址打造成自己的诞生圣地，经过六年的营建，在雍熙二年（985）终于在护圣营原址上建起了一座宏伟的佛寺，"计殿宇九百余间，皆以瑠璃瓦覆之"，赐名"启圣禅院"（见图6-2）。①

至道三年（997）三月，太宗病逝，真宗即位。八月，即位不久的宋真宗下诏，将启圣禅院的法堂改建为太宗御容殿，"奉安太宗御容"。同时下令让宫中画师"翰林内供奉官"僧元蔼负责"摹写"太宗的御容画像。咸平二年（999）九月，启圣禅院的太宗御容殿建成，在僧道威仪、教坊乐团的护送下，元蔼所画的太宗御容画像被奉迎到启圣禅院的太宗御容殿安放，真宗亲自到殿里祭拜太宗的御容画像。经真宗的努力，这里成为宋代皇帝瞻仰太宗画像的圣地。仁宗即位后，也在天圣二年（1024）七月，来到这里，"朝拜太宗神御"。②天圣八年（1030），仁宗下诏给启圣禅院的太宗御容殿赐名"永隆殿"。

---

① 《宋太宗实录校注》，第318页。
② 《长编》卷102，第2364页。

有意思的是，仁宗还特命在太宗御容像边上绘制了太宗生前最重用的两个宦官刘承规和李神福的画像，让二人侍立在太宗身边。①

刘承规死于真宗大中祥符五年（1012），是太宗和真宗都非常信任的大宦官。太宗即位后，把他从一个普通的"内侍"，越级提拔为"北作坊副使"，割据泉州的陈洪进献土归顺，太宗命刘承规快速赶往泉州接收府库的钱财。泉州刚刚归附宋朝，当地土民啸聚为乱，刘承规与泉州知州一起率兵平定了叛乱。之后，他先后奉命带兵驻守定州防御契丹，后来带兵去滑州抢堵黄河决口，还到陕西的鄜延路当过监军。太宗晚年，刘承规甚至做到了"签书提点枢密、宣徽诸房公事"的要职。

真宗即位后，他继续得到重用，领胜州刺史、签书宣徽院公事。刘承规为人精力旺盛，做事细致认真，负责内廷财务会计的相关工作长达三十年，把宫中的账目做得非常漂亮，因此深得太宗、真宗欢心，死前官至检校太傅、左骁卫上将军、安远军节度观察留后。②另一位陪侍的宦官李神福的情况，跟他差不多，在此就不赘述了。仁宗让刘承规和李神福的画像陪侍太宗御容之侧，是朝廷对他们最大的肯定，也使御容崇拜连带着大大提高了被皇帝宠信的宦官的地位。

另外，需要补充说明的是，御容肖像的收藏和供奉，也不只是在御容殿里进行。御容画像，是皇家的子孙表达孝思最直观的载体，睹像思人，往往能给人以更大的慰藉效果。然而皇帝的子孙，并不一定都是皇帝，甚至大部分的皇子王孙，都不可能是皇帝。但御容作为皇

①《宋会要辑稿》，第718页。
②《宋史》卷466《刘承规传》，第1368—1369页。

帝的"化身",本身具有至高无上的御制物品属性,属皇帝专享,即皇帝御容画像的所有权,只属于皇帝本身。现在任皇帝,可以收藏、祭拜前任皇帝的御容画像,这是他身为皇位继承人的义务,也是专享的权力。而对于其他的皇子王孙而言,他们个人或私家,在传统的礼法上,是没有资格收藏和祭拜先帝的御容画像的。

但是作为皇子王孙,瞻仰御容画像以表达自己对父、祖以及祖先们的孝思,也是人之常情。

庆历七年(1047),太祖、太宗的弟弟赵廷美的子孙经过近百年的繁衍,人口众多,原来聚居的"北宅"已经人满为患,仁宗下诏将前宰相王钦若的府第扩建之后,赐名"广亲宅",并将赵廷美的子孙移居于广亲宅。史料记载,广亲宅中就收藏有祖宗御容像。嘉祐三年(1058),聚居着太祖、太宗一系子孙的"睦亲宅",竟以"广亲宅"收藏有祖宗御容像为理由,向朝廷提出在睦亲宅修建一所"祖宗神御殿",以使太祖、太宗的子孙也可以瞻仰御容,以慰孝思。结果此举却引起了一场关于皇室子孙应不应该私藏祖宗御容的大争论。

当时欧修阳正是翰林学士,他给仁宗上书说,皇族子弟收藏祖宗的御容画像(也包括塑像),"非人臣私家之礼",即按照礼制,一个人身为臣子,哪怕他是先帝的子孙,收藏或祭拜御容画像也是违背礼法的行为。广亲宅在之前私自收藏祖宗御容画像,已是违礼乱法;现在睦亲宅也想有样学样,更是"沿袭非礼之事"。所以欧阳修对睦亲宅打算修建祖宗神御殿的想法,提出了反对意见。仁宗收到欧阳修的奏疏后,对此有些拿不定主意,于是下诏让翰林学士、中书舍人以及谏院、御史台和礼官开会讨论。

大臣们商量后一致认为此举不妥,睦亲宅神御殿不应该修,广亲宅的祖宗神御殿则应该拆掉。大臣们认为，《春秋》之义，诸侯没有祭祀天子的资格和权力，汉代在地方上有不少祭祀汉高祖的祠庙，西汉后期的宰相，也是儒学大师的韦玄成就以此为理由，建议废除了地方上的汉高祖庙。而宋朝的宗室聚居区修建祖宗神御殿，在性质上跟汉代这个做法是一样的，是"不合典礼"的。像类似的御容殿，没建的，不应该再建；建了的，也应该拆掉。①

仁宗虽然觉得大臣这个主张似乎有点不近人情，但还是接受了，嘉祐三年（1058）四月，仁宗下诏停止了睦亲宅祖宗御容殿的修建工程，但考虑到广亲宅的祖宗御容殿已存在多年，不忍拆毁，可以继续保留。

赵廷美的子孙私藏祖宗御容像，这个事情颇有意思，值得多说两句。赵廷美，本名"匡美"，太祖当皇帝后，为了避讳，改名"光美"，太宗即位后，为了避讳，又改名"廷美"。太宗自己制造了一个"兄终弟及"的神话，与赵普一起炮制了所谓的"金匮之盟"，这事儿为太宗即位提供了合法性，但也给自己的皇位传承埋下了一个大雷，那就是赵廷美成了太宗之后大宋皇位的第一顺位继承人。太宗好不容易才登上皇位，如果辛苦一辈子，这个皇位最后却是由赵廷美来继承，这对太宗来说，是绝对不能接受的。

当时赵廷美在整个赵氏家族中的地位仅次于太宗，担任检校太师兼中书令、领永兴军节度使兼开封尹，爵封秦王，跟太祖时代的太宗并无二致。太平兴国七年（982），太宗与赵普一起制造了所谓的赵廷美谋反案，他被削夺一切官职，贬为涪陵县公，流放到房州软禁。雍

①《宋会要辑稿》，第720页。

熙元年（984），他在房州愤懑成疾，吐血而死。

赵廷美死时已三十八岁，在古代来说，已算是比较年长的了，所以他有机会留下了十个儿子。太宗虽然"害死"了自己的弟弟，但对他的侄子们都还不错，赵廷美的子孙一直得以享受皇室子孙的荣华富贵。

如赵廷美的长子赵德恭，赵廷美死时，已二十多岁，在赵廷美死的当年，被封为左武卫大将军、安定郡侯，出任济州（治所在今山东菏泽）的地方长官。当然主政济州是虚名，因为太宗还给他安排了两个副手，不过他的生活待遇还是很不错的，太宗特别关照，除正常的工资以外，每年还额外补贴300万钱。真宗即位后，又继续加官晋爵，授衡州防御使，封乐平郡公。仁宗时代，赵廷美的子孙中最有名的恰好是赵德恭的孙子赵克继。

赵克继从小字就写得好，史书记载他"善楷书，尤工篆隶"，楷书写得好已不容易，篆书则是最考基本功的，说明他的书法水平很有功底。有一次，仁宗亲自主持了一次书法比赛，让参赛者抄写《论语》《诗经》《尚书》等儒家经典，他以篆书写得最出色被仁宗树立为宗室弟子中的学习先进典型，仁宗夸赞他为"宗室之秀"，说道："善写篆书的李阳冰，是唐代宗室中的出色人才，而当今的赵克继，是朕的李阳冰也"。他教导子弟好好学习，"一门登儒科者十有二人"，可以说是宗室中读书成材率最高的一家了。①

其实，不仅依照儒家的礼法，就算是从人之常情来讲，赵廷美的子孙也根本没有私藏祖宗御容的资格。因为他们并不是太祖、太宗的

①《宋史》卷3《赵德恭传》，第8671页。

后代。

太祖、太宗于廷美的子孙，从宗法关系上讲，不是父子、祖孙，本无"孝思"可言。虽然，这跟真宗将太祖的御容画像赏赐给赵惟吉还不一样（真宗曾经将太祖的御容画像赏赐给太祖的孙子赵惟吉以为殊恩），赵惟吉拥有太祖御容画像，虽然也不符合礼法，但却顺乎人情。因为他是太祖的亲孙子，幼年时又得太祖亲自养育，感情深厚，让他收藏太祖御容，逢年过节，祭拜一下，既满足了亲情的需要，也体现出真宗的皇恩浩荡。

但赵廷美的子孙，无论怎么说，也没有收藏太祖、太宗御容加以祭拜的必要。且不说赵廷美的死，是太宗造成的，就算赵廷美与太祖、太宗兄弟情深，但太祖、太宗跟他的子孙之间也并非直系的血亲，他的子孙，没有去向太祖、太宗寄托孝思的道理。有意思的是，后来宋代庞大的宗室群体中，赵廷美的后代竟然是三兄弟中人数最多的，仁宗正是太宗的孙子，我们以三兄弟的子和孙来作一个小统计，太祖有子4人，有孙8人，太宗有子9人，有孙19人，而赵廷美却有子10人，有孙32人。[1] 他们聚居于广亲宅，地位颇为微妙，为了强化自己与皇室的血缘情分，私藏祖宗御容画像，以渲染其哀思，大概是他们唯一的方式了。

这种不合礼法的行为，随着宋代政治文化的发展，越来越不为大家所接受。

神宗年间，负责管理宗室事务的"知大宗正丞事"李德刍说，按

---

[1] ［美］贾志扬著，赵冬梅译：《天潢贵胄：宋代宗室史》，江苏人民出版社，2005年，第31页。

照礼法的规定,"诸侯不得祖天子"。祭祀皇帝,是皇帝众多儿子中当了皇帝的那个儿子的专享权力,其他子孙没有这个资格,这就跟"公庙不设于私家"是一个道理。现在宗室子弟在私宅藏有皇帝的御容画像,会搞得尊卑不明,统绪不正,乱了规矩。所以他向神宗建议禁止宗室私宅收藏御容画像。"礼院"看了他的上书以后,认为非常有道理,建议神宗接受他的建议。

熙宁四年(1071)四月二十四日,神宗正式下诏,各宗室宅院收藏的"祖宗神御"一律没收,由"入内内侍省"派人将这些宗室私第收藏的祖宗御容收入宫中,集中放到"天章阁"统一收藏。①

天章阁是宫中专门收藏真宗的御制物品的殿阁,太宗以超越五代的文治成就,成功打造了"太平天子"的人设,从小就培养真宗读书写字的文艺气质,真宗也自称:"朕听政之暇,以翰墨自娱。虽不足垂范,亦平生游心于此。"②因此真宗继承了太宗喜欢文学书画的爱好,平时也舞文弄墨,一生写了不少诗文和书法。真宗晚年开始收集编纂自己的"诗文集",终于在临死前两年的天禧四年(1020),完成了《真宗御集》的编写。于是下令在宫中会庆殿之西的空地修建了天章阁收藏自己舞文弄墨的成果,把自己写的文章和书法作品以及平时用过的物品都收藏到这里。③

从此以后,理论上,所有的私家收藏的御容画像都被没收,集中收藏于宫中,即所谓的"自是臣庶之家,凡有御容,悉取藏禁中"了。

---

① 《宋会要辑稿》,第720页。

② 《宋史》卷8《真宗本纪》,第169页。

③ 《宋会要辑稿》,第3210页。

第六章

重建

如朕亲临

绍兴十三年（1143）二月，高宗正式下令在临安复建景灵宫。

景灵宫是当初神宗时修来专门奉安散处在京城各个寺观中的御容像的地方，建成后成为宋代皇帝朝拜御容像、寄托子孙孝思的最主要的场所，也是宋代"皇帝"最集中的地方，死去皇帝的塑像和画像都在这里，现任皇帝逢年过节都要来这里朝拜上香。北宋前期皇帝的御容像都散放在佛寺和道观中，虽然集中分布在开封和洛阳东、西二京，但也大量散布于全国各地。

这些地方拥有御容像，有的是出于朝廷的规划和安排，有的则是纯属机缘巧合。然而，对于皇帝来说，御容像，无论是画像还是塑像，分散在全国各地，无疑分散了皇权神圣性的象征资源，也不利于御容像的日常保养和维护。御容像在外面，如果地方官员不够重视的话，很容易管理松散或办事懈怠，有损皇帝的威严。

宋徽宗崇宁元年（1102）三月八日，尚书左丞赵挺之报告说，西京河南府（洛阳）的洛河经常发大水，渐渐危及应天禅院奉安的御容像的安全，建议朝廷派人前去主持加固河堤的工程。政和三年（1113）七月二十日，朝散郎辛正上书说："丹州的宜川县有虎谷山，山上有一座寺院，里面有太祖、太宗、真宗三位皇帝的御容，但这个地方靠近边界，加上老百姓可以随意来观看，有失供养祖宗御容的本意。"徽宗于是下令，让本路转运使司严加管理，御容所在殿阁平时要上锁，不得让人随意出入。对宋代诸帝的御容和御容殿，本路各级官员要经常加以修缮。①

御容殿的修建很花钱，御容殿的保养也很花钱。如果没有中央的经费支持，以地方政府的财力，是很难对御容像进行有效维护的。

大观元年（1107），徽宗曾下诏痛数各地御容保养不力的情况，他说："朝廷平日里对宗庙和陵寝的祭祀和供奉，都是不计成本，只求做到最好。最近听说开德府（即澶州）信武殿中悬挂的帏帐帘幕，多年来都不曾换过新的，西京河南府会圣宫中，供祭御容像的器皿都破旧得很。因为穷，信武殿献祭供品也舍不得花钱，每次只肯出一百钱。搞得这么寒酸，是相关部门玩忽职守所致。"事后，徽宗派出巡视组专门调查了各地御容的保养和维护情况，发现每年给皇陵用于供祭的经费高达十万缗，而各御容殿却穷得不像样子，太过厚此薄彼了。

上述这些例子都是北宋晚期的事了，事实上，因为史料不足的关系，前期的情况我们不是太清楚，但肯定也差不多。

对御容散放在各地的情况，神宗是最不满意的。元丰五年（1082），宋神宗干了一件大事，一口气在景灵宫修建了十一座御容殿，并下令将京城各个佛寺、道观中的御容像全部迁入景灵宫新修的各御容殿中。当年十一月，神宗亲自主持了迁庙礼，用彩舆将北宋诸帝的御容像送往景灵宫。

---

①《宋会要辑稿》，第723页。

整个过程，除了神宗以外，赵宋皇室几乎全体出动，"亲王、使相、宗室正任以上前引，望参官及诸军都虞候、宗室副率以上陪位。"①当天将开封城中各大寺院、道观中供奉的御容像集中迁放于景灵宫，一路上"鼓吹振作"，举行了盛大的歌舞巡演。京城里的老百姓夹道观看，皇家歌舞团的顶流艺术家"教坊使"丁仙现亲自当众献舞，这时仁宗的御容画像忽然出现在众人面前，丁仙现望着仁宗的画像，举起袖子遮住自己的脸，像在掩面而泣一样，围观的老百姓见到这样的场景，立即触景生情，人们念及仁宗的好处，纷纷大哭起来，把景灵观迁奉御容像的活动带到了高潮。②

景灵宫本来是真宗搞的一系造神运动的产物，大中祥符五年（1012），真宗导演了一出圣祖（赵氏祖先赵玄朗）降世的闹剧后，在皇宫的南边修建了景灵宫来奉祀所谓的圣祖。

天圣元年（1023），仁宗将景灵宫的万寿殿改造为真宗的御容殿，取名奉真殿。仁宗死后，英宗于治平元年（1064），又在景灵宫的西园增建了一座殿阁，用来供奉仁宗的御容，取名孝严殿。举行奉安御容仪式时，英宗亲自出席，并举行了酌献礼。第二天，仁宗的正妻、皇太后曹氏也亲自举行了酌献礼，皇后、公主以下内外命妇也都参加了奉安仁宗御容的仪式。治平四年（1067），英宗病死后，神宗又增修了英德殿，供奉英宗的御容像，这样，在景灵宫供奉历代皇帝御容的传统就形成了。此后神宗、哲宗死后，也都将御容奉安于景灵宫，景灵宫成了宋代皇帝御容最集中、最齐全的供奉场所。

---

① 《宋史》卷109《景灵宫》，第2622页。
② 《邵氏闻见录》卷2，第17页。

需要说明的是，景灵宫的十一个御容殿，不全都是皇帝的御容殿，景灵宫的规划是皇帝和皇后各置一殿进行供奉。

神宗时期的先帝，一共有六位，即宣祖、太祖、太宗、真宗、仁宗和英宗，这就是六个御容殿。本来再配以皇后的御容殿，一共应是十二个御容殿，但英宗的皇后，也就是神宗的生母，即后来在元祐年间主持朝政的太皇太后高氏（即宣仁太后），当时还活着，所以英宗皇后的御容殿是空缺的。景灵宫的御容像，不是常见的画像，而是彩色的塑像，成本比画像的御容要高得多。景灵宫建成后，这里成为仅次于太庙的皇家祭祖圣地。

太庙里供奉的历代皇帝，遵循的是儒家传统礼制，儒家反对偶像崇拜，因此太庙里的历代皇帝，都是以"神主"代替，没有肉眼可见的"形象"。神主祭拜真的全凭脑补，对于子孙来说，其感受远没有看着画像或塑像祭拜来得真切。景灵宫完工后，从神宗开始，每个在位的皇帝都要定期前去祭拜列祖列宗的御容像。一般来说，皇帝一年四季需要去朝拜四次，同时还有文武百官和内侍宦官随行。除此之外，如遇某位先帝的周年忌日，还要组织僧人和道士去对应的御容殿举行法事活动，宰相也要带着文武百官前去进香。

景灵宫建成后，朝廷收集皇帝的御容像是不遗余力的，各地方也大肆鼓励民间人士上交御容像给朝廷。

元祐六年（1091），池州有个"巡检"名叫戴昭逸，向朝廷上交了自己收藏的太宗御容画像，哲宗命之前曾担任过"广州催纲"的"内侍高班"林文忠顺路前去池州接收这幅御容，等拿到御容画像后再送来京城交纳。林文忠收到这个命令后，却扯起虎皮作大旗，一路作威作福。他首先给各州县发文，说太宗御容要经过你们的地方，要准备好迎请御容,凡是御容所经之地,都要组织人员朝拜迎送,御容暂时停留的地方都要张灯结彩,搭建殿宇进行供奉,而且要求各地迎接御容所准备的东西,多是皇帝御用的器物,林文忠此举是比较严重的违法乱纪行为。

事情被揭发后,朝廷下诏不得听从林文忠的要求,以后凡是有御容经过的州县,可将御容暂时安放在各州天庆观的圣祖殿中,等朝廷派人来取。[1]可见,为朝廷办理御容崇拜的事情,对于宫中的宦官们而言,也是一个作威作福和大捞油水的机会。

徽宗即位后,又继续扩建了景灵宫,称为景灵西宫。有意思的是,景灵西宫的御容供奉以神宗为首,徽宗此举,把神宗放在首位,是想向世人"昭示万世尊异之意"。[2]事实上,在此之前,神宗御容像的地位颇为尴尬。由于元丰五年(1082)神宗修建景灵宫的十一个御容殿的时候,没有为自己预留殿堂。神宗死后,景灵宫中就没有专门给他本人奉安御容像的空间。

神宗驾崩于元丰八年(1085)三月,到当年十二月,神宗的神主已完成入祔太庙的仪式后,侍御史刘挚上书说,神宗的御容像按理也应该按照景灵宫的惯例修建御容殿奉安祭拜。但是现在景灵宫中已经没有空地了,如果建神宗的御容殿的话,则需要扩建景灵宫,这样一来就不免扰民而有违皇帝爱民如子的道理。

这时刘挚想到一个办法,他提出,原来景灵宫十一个御容殿,是帝、后并置,这种把皇帝和皇后的御容像各放一殿的做法,在布局上

---

[1]《宋会要辑稿》,第721页。

[2]《宋史》卷109《景灵宫》,第2622页。

人为地造成了夫妻分离的局面，本来就没有什么义理可据。现在可以把皇后的御容殿合并到皇帝的御容殿，这样就可以节省出一些房间出来。目前可以先把太祖之母、宣祖之妻——昭宪皇后杜氏的御容移至宣祖的御容殿，帝后合归一室，空出来的昭宪皇后杜氏的御容殿就可以奉安神宗的御容，然后改建为神宗的御容殿即可。他还说这么做"考之礼典则无违，质之人情则为顺"，简直一举两得。①

然而，刘挚的这个看起来合情合理的建议，这个时候却是非常地不合时宜。因为神宗死后，哲宗年幼，朝政国事都是由太皇太后高氏主持，刘挚这个建议，不啻于是在逐渐取消景灵宫中皇后们专有的御容殿。这恐怕不是太皇太后高氏所愿意看到的。果然，元祐元年（1086）正月，太皇太后高氏就亲自下诏否定了刘挚的办法，并给出了自己的解决方案。

太皇太后高氏认为，神宗当年集中诸帝后的御容奉安于景灵宫，可谓把子孙的孝顺之道做到了极致。现在神宗的神主已经入祔太庙，按惯例，也要在景灵宫创建安放神宗御容像的殿堂。然而现在的情况是，景灵宫已经没有现成的空地了，而宫外的地方又全是民居，如果要搞扩建工程的话，就只有拆迁民房，那样一定会骚扰到老百姓，搞得人心不安。但太皇太后高氏也反对刘挚的帝后合并一处的方案，她认为如果听从大臣们建议，把皇帝和皇后的御容殿合并为一殿，是可以省出不少空间，可是为了给身为子孙的神宗腾出位子，却去拆毁已经修好的历代皇后的御容殿，怕是有损神宗的孝顺之道啊！现在景灵宫里，只剩下英宗的御容殿"治隆殿"后面还有一块空地，按照给皇

①《长编》卷363，第8681页。

图6-1 宣仁太后御容像 台北故宫博物院藏

后修御容殿的惯例，这里应该是神宗当年给我准备的地方，现在可以在治隆殿的后园增建一座殿堂，用来供奉神宗的御容像。我万岁之后，把我的御容像跟英宗皇帝一起安放到治隆殿就行了，到时不用再单独给我建殿。

这样才解决了神宗御容殿的难题。[①]

不过也因为如此，景灵宫的神宗御容殿，其规模和格局都不如其他皇帝的御容殿宏大壮丽。神宗因为搞变法，得罪了一大帮守旧的官员。太皇太后高氏的政治立场是倾向于旧党的，当政之后，召用了一大批旧党人士主政，很快就推翻了神宗花了一辈子才搞出来的那些新法。

要说他们对神宗有多尊重，当时的人是不信的。连并非铁杆旧党的苏轼，在元祐元年（1086）的一次考试题中，竟然大谈特谈起神宗的施政风格中急于求成的问题，他问考生："现在想要效法神宗的励精图治，又害怕下面的官员不能体会上面的精神，反倒搞得官员们做事急躁刻薄。"这话虽然不是直说神宗的不是，但也在不经意间流露出神宗所谓的励精图治，也不过尔尔。暗讽神宗一心想要富国强兵，心态有点急，结果弄得国事日非。所以，急于求成和超过实际能力的过分努力的后果就是：好处不明显，坏处一大堆。

这道考题的本意，当然是为了让考生理解在治国理政时好心也有可能办坏事的道理，但所举的例子未免有点让人觉得题目里被描绘得精明强干的神宗，其实是个"反面教材"。神宗御容殿建得这么寒酸，当时的人普遍相信是守旧派大臣故意为之。

①《长编》卷364，第8728页。

神宗的历史地位，在当时有很大的争议。

哲宗即位后，因为年纪尚小，整个元祐年间都由太皇太后高氏听政，在旧党大臣的主持下，编写了《神宗实录》。哲宗亲政后，重新启用新党，新党认为元祐年间修成的《神宗实录》故意歪曲神宗以及变法派大臣的形象，认为他们借修史之机"附会奸言，诋斥熙宁以来政事"。哲宗甚至亲口说："史官们竟敢如此诞慢不恭，必须好好罚处一下！"因此，元祐年间参与编写《神宗实录》的史臣，包括著名的史学家范祖禹、大诗人黄庭坚等，在哲宗亲政后都遭到了严厉的清算和打击。于是元符年间，在新党大佬们的主持下，朝廷召集人马又重新编修了一部《神宗实录》。

在这部元符年间修成的《神宗实录》中，史臣们就公然抨击旧党大臣们在神宗死后，将其御容像"屈居后殿之列者累年，以此可见奸臣之不忠耶！"[1]

徽宗也是神宗的儿子，对于父皇御容殿的窘迫处境显然非常不满，特别是徽宗之所以能当上皇帝，其合法性全在于神宗，而神宗在景灵宫中的地位如此卑微，对徽宗的权威也是一种无形的损害。因此，徽宗即位的当年，他召见宰相们，抱怨道："神考的盛德大业，冠绝古今，景灵宫御容殿集中供奉祖宗御容像也是神宗在元丰年间创建的，现在神宗的御容殿显承殿僻处一隅，又靠近街市，一点档次也没有！"[2]

徽宗不顾有些大臣的反对，坚持扩建景灵宫。并且扩建工程不是

---

① 《长编》卷364，第8728页。

② 曾纡:《景灵西宫记》,《全宋文》,第143页,第213页。

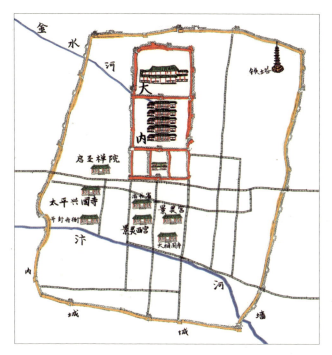

图6-2　开封城中御容殿分布示意图　黄博/绘

小修小补，而是另起炉灶，在原来的景灵宫之外增建了景灵西宫。整个景灵西宫以神宗为赵宋皇室新世系的开端，神宗的御容像升格为整个宫内的主尊，然后依次排放后代子孙。依此，神宗在景灵西宫中的地位有如旧景灵宫的宣祖。

徽宗可以说是宋代对御容崇拜最为重视的皇帝。宣和元年（1119），在徽宗的关心下，礼部制订了各地方御容殿的祭拜仪式。

具体的规定是，每月初一或重大节日的时候，都要前往各个御容殿进香朝拜。朝拜前一天，朝拜官（正常情况下由御容殿所在地的长官正职出任，如无正职，则由副职出任）、读表文官（由所在地的副职出任），从早上起就先到"斋戒所"准备。等香、茶、酒、果等物品备齐后，由礼生带着读表文官、捧香表官一起到朝拜官厅，由主持人捧着香表进呈上来。

这时由礼生请读表文官排演一遍读表文的全过程。读完之后，副主持人把"御封香"呈上来，然后各自回到斋戒所。接下来是安排人手把朝拜时所需的物品摆放好，在御容殿上安放好香案，以及摆放好新鲜时令水果等，在御容像前面的左边，放置盛放茶、酒等所需的器皿。在御容殿的下面，规划好朝拜官的位置，西向；读表文官位于大殿的南边，北向。在殿廷的东边设置一个焚烧表文的位子，南向。

朝拜当天，天亮之前，香火官先到殿下，北向拜，拜完后升殿，东向侍立。这时由礼生带着陪位官就位，北向。之后依次带领读表文官、朝拜官、次朝拜官就位，这时礼生宣布仪式开始。礼生喊"再拜"，朝拜官以下所有人都下拜两次。礼毕之后，礼生带着读表文官先升殿，在香案的右边东向站立。

接着再由礼生带着朝拜官升殿，走到御容像的香案前面，连上三次香之后，侧跪奠茶，以及三奠酒等。行礼之后，就是读表文，这时才轮到朝拜官和读表文官下殿，走到此前准备好的焚烧表文的地方，由相关部门的工作人员负责焚烧表文，整个仪式大体结束。①可以看到，整个过程参与的人众多，仪式也比较繁琐和复杂。

北宋亡国之际，景灵宫的御容流散在外，与其他的祖宗御容像一起辗转到了温州。不过事实上，南宋建立后，高宗在应天即位的当月，就曾下诏打算在江宁府（今江苏南京）重建景灵宫。但随后金军

————————
① 《宋会要辑稿》，第724页。

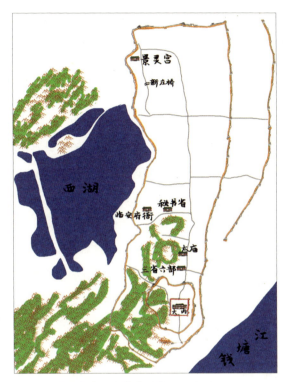

图6-3　景灵宫在临安城中的位置示意图　黄博/绘

一路南侵，高宗等人一路南逃，根本没有机会重建景灵宫。

此次在临安重建景灵宫，高宗已筹备了许久。

此前就有朝臣上书高宗，表示景灵宫有"奉祖宗衣冠之游"的神圣功能，代表着已经去世的皇帝的形象仍然游走在大宋的人间，寄托着后世皇帝为人子孙的孝思。现在把祖宗御容像寄存在温州，与当今皇帝分隔两地，致使高宗没法亲自举行朝拜活动，实在是有亏孝道。希望相关部门在临安选个地方重建景灵宫，让高宗逢年过节可以按时朝拜，"躬行献礼，用慰祖宗在天之灵"。

绍兴十三年（1143）三月，已故大将刘光世的家人将当初高宗赏赐给刘光世的宅第捐给朝廷，于是朝廷决定将刘光世的"赐第"改建为新的景灵宫，位置就在临安城最北边的新庄桥的西侧。

新建成的临安景灵宫有三个大殿，前殿供奉圣祖御容像，中殿供奉宣祖至徽宗诸帝的御容像，后殿则专门供奉历代皇后的御容像，比起在开封时每个皇帝都有一个御容殿，临安的景灵宫的确要简单得多。景灵宫的重建，意味着朝野上下彻底放弃了恢复中原的目标。

听闻此事，被金国扣押多年后得以返回临安的大臣洪皓，看到新建的景灵宫后痛心疾首地说，钱塘（代指临安）不过是皇帝暂时居住的地方，却将景灵宫修得这么雄伟壮丽，这难道不是在向天下人示意朝廷再无恢复中原的意思了吗！①景灵宫建成后，逐渐将存放在温州的祖宗御容像搬运到临安。由于温州到临安路途遥远，且多山路，而放在温州的祖宗御容像主要是"塑像"，甚至像真宗的御容像还是黄金铸造的，翻山越岭，实在不方便，所以这些御容像都是走海路运到临安的。当年八月，高宗派权吏部侍郎江邈到温州，将之前暂存在温州的景灵宫、万寿观的祖宗御容装船，走海路运回了临安。②

由于当时海船的抗风浪性不高，海运还是有很大的风险的，高宗为此还担惊受怕了多日。如果这批御容像在海上遇到风浪沉没了，则会给他这次粉饰太平的举动大大打脸。当年十月，温州各宫观寺院的祖宗御容像全都从海路顺利抵达临安，高宗率领群臣在景灵宫举行了隆重的奉安典礼，由秦桧担任礼仪使。

①《系年要录》卷148，第2799—2800页。

②《系年要录》卷149，第2821页。

高宗听到御容像顺利抵达上岸后，非常高兴地大臣们说："此事至重，朕甚虑之。及闻出陆，朕心始安。"举行奉安典礼时，高宗亲自走出行宫北门，宰相以下的高级官员和近亲宗室成员跟着高宗一起将祖宗御容像护送到新建的景灵宫奉安。[①]景灵宫建成后，朝廷给的"规格"非常高，从宫中的人员配备来看，规模就相当宏大。当时设置有"掌宫内侍七人，道士十人，吏卒二百七十六人"，每逢上元节还要张灯结彩地打造一个"灯楼"，每年献祭用羊都要二百四十只。遇皇帝和皇后的忌辰，每次则要请四十七个和尚、道士来作法事。

绍兴十五年（1145），高宗又仿效北宋时的钦先孝思殿在行宫中修建了"内中神御殿"。景灵宫虽然已迁建到了临安，但毕竟还是在宫外。而且由于临安作为行在的特殊性，没法进行整体的营建规划，皇宫前的地势狭促，本就空地无多。等到绍兴十三年（1143）复建景灵宫时，已无隙地可用，只得借用新庄桥之西的刘光世故宅加以扩建。

新庄桥一带僻处临安城最北边的一个角落，本就离皇宫大内较远，与北宋的景灵宫就建在皇宫南边不远处相比，南宋的景灵宫其实并不方便皇帝前往祭拜。而这个内中神御殿就是在宫中修建的，离皇帝最近，行礼也最方便。高宗在每月的初一、十五，以及宋朝官方确认的节日，如皇帝的生辰都会亲自去朝拜和上香。而且更关键的是，景灵宫在宫外，每次举行活动都具有一定的"表演"性质，而内中神御殿藏在深宫，可以更好地满足皇帝个人的情感寄托，史书中称高宗

---

①《系年要录》卷150，第2834页。

此举是"盖用家人礼也"。①

绍兴二十一年（1151），名将韩世忠病死后，又用韩世忠宅第的旧基进一步扩建景灵宫，用了一年的时间，增建了天兴殿五楹，中殿七楹，后殿十七楹，此外斋殿、进食殿都一应俱全，南宋的御容崇奉圣地临安景灵宫算是大成了。②此后，临安的景灵宫和福州的启运宫共同构成了南宋朝廷御容供奉的两大主要场所。

不过，这一时期，南宋的御容殿系统也有一个由朝廷主导的收藏祭拜体系之外的漏网之鱼，那就是成都的御容殿。

绍兴四年（1134）以后，成都府新繁县的重光寺，因陕西沦陷，意外获得了陕西以及北方一些寺观收藏的御容画像，包括太宗、真宗、仁宗、英宗、神宗的御容都被供奉到一处，成都便意外地成为京城以外最大规模的御容奉祀之所，隐然已有正式神御殿的声势。且拥有六圣御容于一殿的数量规模，使朝廷也不能再对四川的御容奉祀视而不见了。

绍兴二十五年（1155），当临安景灵宫御容殿的运营已经相当稳定之际，成都府却向朝廷汇报本府所管的重光寺药师院太祖御容殿的夹柱损坏，特别是壁画上太祖的衣纹已经开裂。礼部接到成都府的汇报后，建议朝廷对太祖的壁画进行"修换粉饰"，获得高宗的批准。③

借着处理太祖壁画维修工程的契机，礼部还下文对滞留在成都的这批御容画像的行礼仪式作出了指示："其依礼例奏告合用祝文，学士院修撰，请降，入递前去。其日辰差官致斋行事仪注，及合行排办

---

① 《建炎以来朝野杂记》甲集卷2，第79页。

② 《建炎以来朝野杂记》甲集卷2，第77页。

③ 《系年要录》，第3203页。

事，并合照应宣和元年六月二十二日指挥施行。"所谓"宣和元年六月二十二日指挥"，即礼部在宣和元年六月二十二日所订立的"太常寺参酌修立到诸州府有祖宗御容所在、每遇朔日诸节序降到御封香表及不降香表逐次行礼仪注"。

另一方面，一些在朝为官的蜀人也在为新繁御容殿的名位获得朝廷的进一步认可而努力。

绍兴二十七年（1157）八月，当时官拜侍郎（副部长）的四川眉山人杨椿认为成都重光寺中已齐集六朝皇帝的御容画像，但没有获得朝廷赐予正式的"名分"，各种政治待遇也基本没有，对地方上的人崇拜皇帝御容起了不好的示范效果，他说："然以六朝（御容）之尊，而俯临一邑，跪俛伏兴之节，乐舞登降之制，饔饩尊彝之奉，乃若宫宇之设、谨护之备，至鄙雅不伦，或阙然不讲，深恐未称所以肃雍奔走之意。"

他建议，要把成都的这批御容的崇奉典礼搞起来，希望朝廷能够"特命礼官讲求典故，检会福州及成都府见行仪制而折衷之，稍加润色，以重国家崇奉之礼。"[1]成都御容殿的六朝御容"权宜奉安，同为一殿。郡县卑陋，情文简略"的窘况，时人大多也有同感。

最后在杨椿的奏请下，朝廷定下了"别加营缮，岁时遣府通判侍祠"的新规。算是正式将它纳入了国家礼典中了。规模不小，而礼典不备，正是当时成都御容殿在国家礼制中的焦虑和紧张。而这一紧张恐怕也与高宗统治后期强化中央对御容的控制有关。

绍兴和议以后，高宗在军事、政治、经济各方面采取了一系列强

---

[1]《宋会要辑稿》第724页、第729页。

化皇权的措施，而御容奉祀是展示皇帝权威的最直观手段之一，因此和议刚达成，高宗即着手将南宋初年因战争而散处各地的御容集中于"行在临安"供奉。绍兴十三年二月，以刘光世赐第在临安重建景灵宫，"迎还列圣粹容"。十月，由海道将温州的祖宗御容迎回临安，高宗亲自主持了新景灵宫神御奉安大典。此后，朝廷正式奉安在外的御容殿就只有福州的启运宫了。因此杨椿才会要求参照福州仪制，润色成都御容殿的新制，借机向福州启运宫的地位靠近。

这次营缮工程，"始更为殿门外向"，此举便可使御容殿和重光寺分离开来，成为一个独立的神圣场所。绍兴二十九年完工后，当时的知府王刚中向朝廷申请重光寺御容殿的正式名额和殿名，朝廷的态度则是已读不回。这条材料值得细想，看来此前官方行文中对新繁的这座御容殿，虽有"御容殿"之称，但其实一直没有赐给正式的宫额和殿名，也即这所御容殿缺乏正式的名分，王刚中大概想趁工程完工之际，顺势为御容殿争取正式的神御殿地位。

而这时蜀中的形势，与绍兴初年又有几分相似。

其时"中外藉藉，皆谓金人有窥江淮意"，绍兴二十八年九月，高宗以"文武威风识大体者"无逾王刚中，乃钦点他为四川安抚制置使兼知成都府。王刚中在任期间果然不负众望，督导诸将，成功击退试图由陕入蜀的西路金军。同时与张浚宣抚川陕时一样，为激励士气和稳定人心，他也特别重视对蜀中精神资源的利用，孙觌在为王刚中所写的墓志铭中说，他到任后"命工葺诸葛武侯、张文定公（张方平）祠庙，作而新之，具牲醴，率州之宾属拜焉。"①

———————————

① [宋]孙觌：《宋故资政殿大学士王公墓志铭》，《全宋文》，第160册，第91页。

他一方面大力扶持正统神祠，另一方面又不厌其烦地消除淫祠和邪术的社会影响，如论证成都的黄巢墓之伪、诛杀妖人王思聪等。因此，他试图为成都御容殿取得宫额的举动，当非一时冲动的孤立行为，而是充分发挥蜀中神圣资源的系列措施中的一环，不过他的请求遭到朝廷一如既往的刻意漠视，其实这对朝廷而言也自有深意。朝廷对蜀中六圣御容同为一殿的现实影响力不得不加以正视，允许讲求典故，润色仪制，别加营缮，以重国家崇奉之礼。但对于刚刚重建景灵宫，将御容集中于行在的高宗朝廷来说，却并不愿意地方上再出现正式的神御殿，分薄朝廷好不容易才集中起来的这一神圣资源。

特别是当四川地方当局因为抗金战争的需要已获得众多的特殊权力之后，蜀中御容殿要想"转正"就愈发困难。

尽管长期以来升格之路难通，但蜀中地方军政当局仍然时断时续地进行着接力跑。新繁县御容殿故事的高潮，发生在孝宗时期，"淳熙中，胡长文（胡元质）入蜀，始议即府之圣寿寺创殿以奉御容，殿宇甚华，供奉之物亦寖备，乃复乞宫额于朝。"岳珂在《桯史》中记载，胡元质认为御容殿所在的新繁县重光寺，乃"偏陬下鄙，非所宜有，命归之府"。

重光寺不但不在成都府城，甚至也不在新繁县城。据清代的《新繁县志》所载，县南二里的福建会馆，为重光寺故址。这样的位置确实不利于四川地方当局对御容殿的利用，胡元质甚至未向朝廷申报，就迫不及待地"遂斥羡财鸠工，伐巨木千章"，"卜地筑宫有日矣"。然而，从上述这些工程描述可以看出，胡元质将在成都府城新修的御容殿是以宏大壮丽为特征的，可见所谓重光寺地处僻远并非真正的原因，真正的原因可能是他想借移建御容殿的机会，为成都增添一个地标式的伟大建筑。

有趣的是,胡元质到成都后,非常热衷于此类宏大工程的营建,他刚到任,就新建了制置使司金厅,时人吕商隐在《新建制置使司金厅记》中说,制置使司的办公大楼,"重堂翼庐,前荣后室","壮丽宏深"。此外,他在创置雄边军的同时,又在成都府城修建宏伟的兵营,"建营屋一千二百楹以居之",所建雄边堂,"修梁飞荣,万瓦鳞次,气象宏伟,与边具雄"。可以想象得到,他到任后开工的一系列的建筑大手笔,朝野上下不乏劳民伤财之讥。

朱熹后来在给时任太常寺主簿的宋若水所撰墓志中,即以此为由道出了迁建被中止的内情,"新繁旧有艺祖神御,蜀帅请改筑宫于成都。事下太常,公闻其且将大兴土木,穷极侈丽,使民不得安,为处驳议,事乃得寝。"[1]然而细绎胡元质在蜀中的施政,并非一个不恤政事、滥用民力的贼官,他曾多次上奏朝廷要求宽减蜀民负担,先后上书论蜀中盐井、茶课、折绢钱等重税害民的问题。可见,他对宏大工程的渴望以及朝廷对御容殿迁建的否定,其原因显然并非仅仅是一个民生问题。

淳熙四年(1177)二月胡元质出任四川安抚制置使兼知成都府,制置使虽然是四川地区最高军政长官,但其时形势却并不如意。由于四川处于对金作战的前线,军事形势始终制约着四川军政制度的建设,因而长期以来制置使并不常设。绍兴五年置制置使,绍兴十年,置宣抚使,罢制置使;绍兴十八年因和议稳定,罢宣抚使,重置制置使,绍兴末年因战事再起,又复置宣抚使。乾道六年(1170)因宣抚

---

[1] [宋]朱熹:《晦庵先生朱文公文集》卷93《运判宋公墓志铭》。

使王炎和制置使晁公武不和，又罢制置使。直到淳熙元年（1174）才再次恢复制置使建制。

此外，为抵御金军，南宋在川陕边境屯驻重兵九万，形成以兴州、金州、兴元府为中心的三支关外大军。特别是吴氏控制的兴州都统司，在兵力上占有绝对优势，且吴家又是三世名将，声威卓著，成为四川的军事重心所在，事实上削弱了制置使在军事上的权威。后来胡元质的离职，也是因为兴州都统制吴挺密劾其调兵非计而被朝廷罢免。

因此胡元质到任后，可能对制置使的权威不足感受颇深。即使身处四川军政中心的成都，他可能也不得不面对来自兴州的巨大压力，"制置使既罢置不常，苟寓幕府于故锦官楼下。上漏下穿，岌然欲压"，他大兴土木，不过是为了"严大行台"，使制置司所在看起来足称"方岳之体"罢了。不久他又主持创置了直属于制置使的雄边军，淳熙五年十一月，朝廷从其请，诏四川除沿边州军外，从驻蜀禁卒中"逐州按试勇壮有武艺人抽摘团结，共取一千人作二队，如李德裕雄边子弟，以雄边军为名。"然而相较于关外的九万大军，这区区千人的雄边军恐怕很难真的增加多少"安全感"。因此他才会一面大修兵营，一面又筑雄边堂来大造声势。

然而麻烦的是，胡元质的御容殿迁建工程开工之际，其实尚未得到朝廷授权，工程进行中，"僚案或谓郡国私建宗庙，谊盍先以闻，俟报可，胡竦然，乃暂辍役，驿书请于朝廷，议果不以为然，弗之许"。这样的结果，恐怕是他始料不及的。因为像此类工程，修好之后以既成事实上报朝廷，再获得朝廷承认，他已有些经验。

玉局观是宋代成都最著名的道观之一，胡元质到任后，以此观

"列二十四化之首，在甲子中丁未寔主之，皇帝元命也"，于是"爰率旁近部使者，同出缗钱，即其观创建元命殿"，此殿也是"旁挟两庑，极其雄严"。建成之后，每遇节日，"敬率文武官朝谒，祝万寿于庭"，于是上奏孝宗，最后诏旨赐名崇禧殿。这一元命殿的营建模式，可以说相当成功。①

看来崇禧殿营建工程操作得相当成功，不过营建为自己祈福的元命殿，孝宗自然乐得顺水推舟，然而涉及御容殿，就没有那么容易了。《建炎以来朝野杂记》记载，"先是，长文创雄边军数千人，列营府治之侧。又言石室学宫聚川、陕之士，而每遇科举，皆得试其乡，乞为别立解额。事未行，议者因谓今蜀已有太学及殿前司，独欠景灵宫尔。繇是格不下。"

雄边军人数虽少，但都由"禁卒"组成，且列营府城，气势恢弘，不能不给外人以震撼，乃至有"殿前司"之称，看来胡元质的工程政治确有效果。石室学宫，即成都府学，是一所历史悠久的地方官办学校，可上溯至西汉的"文翁石室"，庆历兴学之后，发展成为全国著名的地方官办学校，从北宋到南宋，一直长盛不衰，当时号称"郡国之学，最盛于成都。"因学生人数众多，为缓解科举压力，胡元质"尝议仿太学别立解额"。遂有将蜀学比作太学之语，再碰上御容殿迁建事件，终于使"议者"发出蜀中"独欠景灵"的激愤之辞！

景灵宫正是北宋元丰改制和南宋绍兴和议后朝廷集中供奉历代皇帝御容之所，而太学、殿前司和景灵宫，分别代表着朝廷对天下的文治教化、军事控制和人心凝聚的集中控制，这些都是朝廷独有的权威

①《成都文类》卷四十一《玉局观崇禧殿记》。

象征，此语无疑是在怒斥四川地方当局试图另立朝廷了。事实上，"独欠景灵"的激愤，只是南宋时期朝廷与四川政治微妙关系的最直接的反映，"独欠景灵"一语背后，实际上有着矛盾的长期积累。

胡元质试图借重宏大工程来大造声势，提升制置使权威的种种举措，显然来自对制置使权威不足的感同身受，然而朝廷的感受恐怕恰恰相反。

由于四川离朝廷路途遥远，加上南宋一直采取倚重川陕的防御战略，为此中央不得不赋予四川许多特殊权力，遂形成所谓的特殊化政策。诸如设置位高权重总制四路军政的宣抚使、制置使，在关外边防前线形成吴氏世将集团，设置与"东南事体不同"的总领所负责全蜀的财政管理与军饷供给，推行不需赴礼部试的类省试制度等等，因此中央越是借重四川以巩固川陕战场，对四川军政当局的疑忌也就越深。正因"其任至重"，特别对蜀帅，"付之以众人所不敢当之事，期之以众人所不能成之功，兼总四路，专其委寄"，也就将蜀帅置于非常之地。

不妙的是，自张浚以后的蜀帅，凡有所作为者，多易被朝中言官指为跋扈，大抵"四川自建炎以后，唯知宣抚之尊，盖以去朝廷远，能自立威福故也"。因此，在这样的权力配置之下，胡元质实际上已经拥有了许多其他地方帅臣所没有的实权，正如其幕僚吕商隐所指出的那样，其时的四川制置使，已"并总四路"，"无事则兼制军民，有事则专司征伐"，处于"权重责大如今日"的局面之下，胡元质还想谋求拥有诸如御容殿之类的神圣资源，确实已将自己置于炉火之上了。

看来，南宋时四川的特殊性，除了朝廷对四川的特殊化政策，造成四川拥有众多特殊权力之外;从更深一层看,恐怕还存在一种因为这种地方特殊性和特殊化政策造成的特殊的内部权力结构及由此形成的内在紧张,因此才会出现一方面胡元质觉得权威不足,而另一方面朝廷已觉得他权力太大的矛盾感受。因此御容殿迁建工程受挫,也就不难理解了。幸而后来胡元质将修建了一半的殿宇改建为贡院,这才化解了此次危机。而事后重光寺御容殿的规格待遇不变,继续执行原来的"春秋以府通判朝谒,用素馔,道士读祝文"的旧制。

第七章
遗像与写真

如朕亲临

淳熙十四年（1187）高宗驾崩，两年后的淳熙十六年（1189），按例举行了高宗的御容奉安大典，这次奉安就是分别在景灵宫和启运宫进行的，而且还根据场所和功能的不同，制作样式各不相同的御容像。

　　景灵宫的高宗神御塑像，据《宋会要辑稿》的记载，其材质为"漆塑"，造型上是"戴幞头，宽袖，淡黄服，底现红，销金领袖塑出，红鞓作素玉带，黑靴，尖白底，通袖，不现手"，这是宋代皇帝典型的日常装扮，传世的高宗御容画像（见图7-3）除了将"淡黄袍"换成了"红袍"以外，其他的都差不多，特别是宽袖不露手，基本上是宋代皇帝御容像的统一格式。

　　高宗活了八十一岁，是宋代最长寿的皇帝。除了那个在晚年自己瞎折腾、最后把自己搞得活活饿死的梁武帝以外，高宗可以说是秦、汉以来一百三十多个皇帝中享寿最长久者。

　　所以传世的高宗御容画像，在宋代诸帝的御容画像中是少有的老年相。高宗六十多岁就退休当起了太上皇，过了二十多年逍遥自在的日子。须知，历史上的太上皇，日子过得好的并不多。孝宗晚年传位给自己的亲儿子光宗，自己成了太上皇。《宋史》载孝宗当年看中光宗并立为太子，是因为光宗"英武类己"，观察孝宗与光宗相貌，确实有

图7-1 孝宗与光宗御容像对比

父子之间的那种相似性（见图7-1），脸型五官甚至眼角眉宇都很像，可精气神却很不同，给人的感觉是，孝宗精明，而光宗恍惚。

虽然是很像的亲父子，孝宗与光宗这对太上皇与皇帝的关系却极差。孝宗传位于光宗，本来就有些不情不愿，实在是因为光宗年纪大了，有点等不及。而当年高宗盛年之际的主动退位，又开了一个很不好的头，搞得孝宗没有办法。光宗曾多次向太上皇后吴氏（高宗的皇后）表达了想提前接班的想法，吴氏在孝宗前来探望时多次劝孝宗说："官家也好早取乐，放下与儿曹。"但孝宗却不放心光宗的能力，说："臣久欲尔，但孩儿尚小，未经历，故不能即与之。"吴氏把这话转述给光宗后，光宗气得扯起头巾，指着自己的额头说："臣已发白，尚以为童，则罪过翁翁。"①

宋人习称祖父为"翁翁"，光宗此语直斥父皇孝宗就是找借口不肯传位给自己，比高宗差远了。高宗传位时，孝宗36岁，而光宗42岁时，孝宗还把他当年少不更事的孩童，迟迟不肯放权，自然引得光宗

---

① [宋]佚名撰，鍾翀整理：《朝野遗记》，大象出版社，2019年，第133页。

忌恨不已。光宗即位以后，与孝宗的关系就更不好了，后来甚至到了父子不相见的地步，尤其是在孝宗死后，更拒绝主持孝宗的丧礼，引发朝野舆论大哗，孝道是儒家的第一要义，皇帝带头公然做不孝的行为，无疑使天下臣民笃信不疑的价值观碎了一地，群情汹汹，大有世界末日之感。

群臣为了挽救时局，不得不发动"政变"，在光宗不知情的情况下，拥立太子嘉王成为新皇帝，也就是后来的宁宗。光宗最后莫名其妙地当了六年多的太上皇，乃至他一度都不知道自己已经"被"退休了。退位的日子里，"每恨既往成败，瞑目嗔骂，或恸哭"，显然是在不甘与悔恨中度过了他的太上皇岁月。值得玩味的是，从孝宗到宁宗初年的几十年间，大部分时候都是宫廷生活的皇帝和太上皇二圣并存的双主角时期，这一时期的宫廷绘画中不乏以皇帝和太上皇为主题的绘画，最有名的就是《望贤迎驾图》。

《望贤迎驾图》出自南宋宫廷佚名画家之手，一般定为12世纪后半叶的作品。画面中有两位皇帝，一着黄袍，一穿红袍，黄袍者更显年迈，即是太上皇唐玄宗，红袍者正当壮年，即为唐肃宗。此画的主题是肃宗收复长安，局势稳定后，率领百官欢迎玄宗从避难的蜀地回到长安，洋溢着喜庆欢乐的气氛。不过，事实上，玄宗的太上皇生涯过得甚为戚惨，肃宗对玄宗更是各种猜忌。略知这些背景的人都能想到，画中的欢乐场景只是演给臣民们看的。

无论是现实还是历史，太上皇的日子都不好过，应是南宋宫廷的常识。

所以，比较起来，高宗的太上皇生活可称得上神仙生活了，南宋人民都羡慕高宗的福气，袁文说他"五福兼全"，可称得上"自秦、汉

图7-2　《望贤迎驾图》局部　上海博物馆藏

以来，一人而已"，①洪迈则感叹："光尧太上皇帝（即高宗）之福，真可于天人中求之"。②

　　高宗这一辈子，做坏事从不给自己留下后悔的机会。投降不彻底就决不放弃投降，残害忠臣不把人害死就绝不收手。身系复仇之望而一心投敌，刚当上皇帝就置宋代不杀士人的传统于不顾，一口气杀了太学生陈东、欧阳澈。迫害岳飞，连罢官流放都觉得不过瘾，一定要置之死地。但另一方面，他的福气又确实好到逆天。北宋亡国，全家被俘，只有他孤身在外，而躲过大劫。即位之初，被金人穷追猛打，几度亡命江海，命悬一线却总能有惊无险。独子夭折，又丧失生育能力，本该无子送终，结果不但后继有人，还跟孝宗父慈子孝一辈子。可谓坏事做绝又福大命大，自然是要有些天生异相才扛得住的。

<hr>

① ［宋］袁文：《瓮牖闲评》卷8。
② ［宋］洪迈：《容斋随笔》卷8《人君寿考》。

传世的宋代诸帝御容画像中的高宗,虽是老年,然而在他的脸上,却根本看不到一点憔悴苍老之态。即使须发尽白,他的肤色还是宛如少女一般的嫩滑,很有些男生女相之意。且他的脸型与宋代其他皇帝不同,宋代皇帝大多是北方壮汉的国字脸,而高宗则是略显清瘦的瓜子脸,总体上看起来更为秀气一些。有的史书里说,宋徽宗与后妃曾戏言儿时的高宗相貌"酷似浙脸",也就是不似赵宋皇室惯见的北方人长相。传世的御容画像中,徽宗面相圆润,跟高宗并不"挂相",高宗的"浙脸"基因,应该来自他的母亲韦氏。

史称韦氏虽然"籍贯开封,而原占于浙",所以高宗身上流着的是江浙人的血。据说高宗出生前几天,发生了件怪事,徽宗每天晚上睡觉都梦见吴越王钱镠来找他索还"两浙旧疆",搞得夜不成寐。原来钱镠的孙子钱俶在宋初顺应大势,主动献土归朝,北宋才得以兵不血刃地统一江浙富庶之地,钱俶与太宗一起完成了前古未有的和平统一大业。

有趣的是,在民间故事里,钱镠不怪不肖子孙丢了自己的江山,却一直耿耿于怀太宗骗人,这才来向徽宗讨要两浙故土,他对徽宗说:"以好来朝,何故留我?我当遣第三子居之!"这个故事大概是民间编排的戏说剧目,其意不过是为了解释宋朝在高宗的带领下最终偏安江南成了南宋是天理循环、报应不爽的命中注定。而且巧合的是,钱镠活了八十一岁,高宗也活了八十一岁,钱镠"定都"杭州,高宗偏爱临安,让人不得不信两者之间的微妙联系。①

---

① [元]刘一清撰,王瑞来校笺:《钱塘遗事校笺考原》卷1,中华书局,2016年,第4页,第6页。

图 7-3　宋高宗坐像　台北故宫博物院藏

　　除了景灵宫的御容像以外，孝宗还为高宗在福州的启运宫安放了御容像，启运宫的神御塑像的样式与景灵宫很不一样，高宗的打扮是更为隆重的皇帝礼服，"以漆胎彩绘装塑，通天冠，服绛纱袍，方心曲领，环佩，朱履"。可能考虑到福州远离"京城"，需要打扮得更为隆重一点。身着通天冠、绛纱袍的皇帝，在宋代的传世御容画像中非常少见，只有从来没有当过皇帝的"宣祖"拥有一幅（见图7-4）。

　　所谓宣祖，就是实际上没有做过一天皇帝的太祖之父赵弘殷。传世的宋代御容画像中的赵弘殷，头上戴着非常"浮夸"的二十四梁通天冠，冠上的金博山、附蝉等华丽的装饰更是衬托出非同寻常的贵重大气。而且宣祖坐像中的"坐具"也是所有宋代皇帝画像中独一无二的，他的皇帝宝座是真的龙椅，其上龙头珠纹，雕花砌玉，过分的繁复华丽，而这样穿金戴银的土豪趣味，非常不符合崇尚低调奢华有内涵的宋风审美情趣。这个龙座可能跟他身上所穿的通天冠服一样，都是后人为了弥补他富贵之气的不足而"想象"出来的，这个龙椅应该只是一个皇家家具设计图而已。

另外，现存的宋代帝王御容画像虽然不少，但以隆重的通天冠示人的却不多见。赵弘殷并不是真的皇帝，现实生活中他当然不会有如此的穿着打扮，而且即便是皇帝，在日常生活中，也不会有这样的穿着打扮。

通天冠为帝王专享，其历史可追溯到汉代。在宋代，通天冠通常与绛纱袍搭配，成为"通天冠服"，在宣祖的画像中，赵弘殷所穿的白色的圆领方心的红衣袍服即是宋代的绛纱袍。通天冠服在宋代是仅次于冕服的大礼服，在重大祭祀活动的致斋环节，以及每年的正旦、冬至等重要节日的大朝会、朝廷的重要人物的册封典礼以及表示皇帝对农业生产重视的"亲耕籍田"时，皇帝都会穿上这套礼服出席活动。所以皇帝穿戴通天冠服的表演性质是很重的，头上顶着这么沉重的大帽子，恰恰是在日常生活中不能承受之重。

以宋哲宗时册立皇后孟氏（即高宗初年的隆祐太后）的仪注为例，册立皇后这天，皇帝先是穿着常服坐辇车到文德殿的后阁，换上通天冠和绛纱袍后再到殿上就座，发布太皇太后高氏（即宣仁太后）命百官去奉迎皇后的诏令。宣诏之后，百官负责前去奉迎皇后，皇帝则换上常服到殿后等待。等百官把皇后接进宫之后，皇帝再换上通天冠和绛纱袍，到福宁殿与皇后相见，这时举行合卺礼等婚礼环节，完事之

图7-4 宋宣祖像局部 台北故宫博物院藏

后，皇帝再换上常服与皇后一起"入洞房"。①

　　整个过程中可以清晰地看到，通天冠服在整个仪式中只出现在特别正式的行礼环节，即使是在需要穿戴通天冠服的礼仪活动中，皇帝也并不是一直都穿着这套行动不便的隆重礼服参加活动。有意思的是，传世宋画《女孝经图卷》中就有一幅皇帝与皇后相见的画面，其中画家虚拟的一个宋代皇帝的装扮，正好就是头戴通天冠，身穿绛纱袍，方心曲领也清晰可见（见图7-5）。

――――――――――――――

　　①《宋史》卷111，第1659—2660页。

　　宋宣祖像并非真正意义上的天子写真,这套衣服他当然没有机会穿过,而且因为赵弘殷在宋太祖当上皇帝前就已经去世,这幅画只能是宋人后来的追摹之作。可能也正因为如此,没有真正当过皇帝的宋宣祖,并没有像宋代其他那些真的当过皇帝的御容画像那样,以常服示人,而是在形象上通过隆重的礼服以增加他的帝王之气。

　　其实在宋代,怎么向臣民展示赵弘殷的形象,有着一个颇为曲折的过程。赵弘殷一生基本上都是在军队中度过的,他的军旅生涯应该超过三十年,但大部分时间都只是一个中下级军官,直到后周显德三年(956)临死前几个月,才因为参加扬州战役的军功,而被提拔为侍卫马军副都指挥使,算是迈入禁军高级将领的行列。比较起来,他晚年时在军中的地位,甚至不如自己的长子,也就是后来的宋太祖赵匡胤。

　　赵匡胤在乾祐元年(948)投入到后汉的大将郭威帐下从军,郭威黄袍加身(宋太祖后来导演的“黄袍加身”并非原创剧情,他的这一操作其实是跟郭威学的)建立后周后,赵匡胤被编入禁军,并很快成为后周实际上的皇位继承人——“开封尹”柴荣在开封的亲军部队的指挥官。柴荣即位后,赵匡胤成为当时最耀眼的将星。显德元年(954),在周世宗即位后与北汉的首战——高平之战中,赵匡胤表现突出,被擢升为殿前都虞候,成为皇帝亲军“殿前司”大军的副总指挥。

　　而此时的赵弘殷,刚刚被提拔为禁军的“侍卫马军”的“龙捷军”的“右厢”都指挥使,其在军中的地位,显然不如已是殿前军副长官的儿子赵匡胤。显德三年(956),赵匡胤作为主力参加了周世宗亲征淮南的战役,在清流关一战击破南唐的十五万大军,拿下滁州城。这时赵弘殷带着一支部队半夜抵达城下,赵弘殷站在城外对赵匡胤大呼

图 7-5　《女孝经图卷》局部　故宫博物院藏

开门,赵匡胤看到自己的父亲,却说:"我们俩虽然是父亲和儿子的关系,但开城门和关城门,却是国事,不是家事。"

军纪严明而又行事谨慎的赵匡胤拒绝在夜晚敌情不明的时候打开城门放父亲率领的部队进城,直到天亮后才让赵弘殷率军入城。此事作为太祖治军有方的典型,被记载在《宋史》的太祖本纪中。[①]淮南之战,赵弘殷和赵匡胤都有出色的表现,赵弘殷在战后升任侍卫马军副都指挥使,而赵匡胤则晋升为殿前都指挥使,奠定了他在禁军中带头大哥的地位,而此时离他投身行伍还不到十年,他也才刚刚三十岁。

后周显德七年(960)正月初四,赵匡胤黄袍加身,建立宋朝,成为宋太祖。当年三月,按惯例追尊自己的父亲赵弘殷为皇帝,庙号"宣祖",谥号"昭武皇帝"。在其陵墓上修建了祭祀专用的"奉先资福禅院",里面供奉有宣祖的画像。按《宋会要辑稿》的记载,北宋前期供奉的宣祖御容画像是比较简易的"鞲袍",这可能是因为轻便的鞲袍更符合宣祖军人出身的质朴气质。这大概也比较接近太祖自己对先人质朴无华的人设定位。

太祖即位,除了追尊赵弘殷为宣祖以外,还往上追溯了三代,追尊赵弘殷的父亲赵敬为翼祖,赵弘殷的祖父赵珽为顺祖,赵弘殷的曾祖父赵朓为僖祖。据说太祖有一次去太庙祭祀祖宗,见到其中陈设的给祖宗敬献食物的器皿都是上古时代的餐具——"笾豆簠簋",觉得造型古怪,自己从未见过,不明白是什么东西,就问身边负责的官员说:"此等何物也?"

相关官员回答说:"这些都是礼器,平时吃饭当然不用这个。"宋

---

①《宋史》卷1《太祖本纪》,第3页。

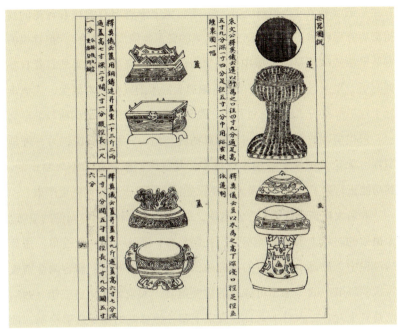

图7-6　笾豆簠簋

太祖听后，有些生气地说："吾祖宗宁识此？"这些"笾豆簠簋"，别说是赵弘殷他们了，就是当了多年皇帝的赵匡胤也不认识，在太祖看来，让自己的父亲和先人们用这些礼器吃饭，这饭还吃得下吗！于是命人立即把这些高大上的礼器撤了下去，都换成了祖宗们生前常用的餐具。[①]可见，宋太祖并不觉得有必要改造自己父亲的"草根气质"，质朴无华也挺好的。

可是，随着大宋王朝统治的稳定和延续，"赵家"早已今非昔比，再以"草根气质"示人，似乎不再能被赵氏子孙所接受。宋朝建立一

①《长编》，第211页。

百年后的嘉祐五年(1060)正月,宋仁宗下令将旧有的穿着鞯袍的宣祖御容画像收回,重新绘制穿戴衮冕的宣祖画像加以替换。①把宣祖的着装升级成宋代皇帝礼服中最高等级的冕服,宣祖最终还是靠着衣装拥有了"皇家气势"。而现存的这幅通天冠服的宣祖御容画像,应该正处于宣祖形象的"升级"过程中,高于常服,而低于冕服的阶段。

宋代皇帝的御容肖像,主要有两种类型,一种是画像,另一种是塑像。无论是画像还是塑像,很多都是皇帝们刚刚死后不久制作的。其功能正是为了供子孙以及天下臣民凭吊,因此大多显得庄重严肃。

太宗大概是宋代第一个在驾崩之时就立即制作了御容画像的皇帝。太祖死的时候,宋朝建国不久,礼制不备,葬礼办得比较简单。送葬的过程中,没有出现太祖的御容画像。太宗死的时候,御容画像则成为送葬环节中的一个不可或缺的重要道具。太宗死于至道三年(997)三月二十九日,六月十六日,真宗下诏让翰林院的画师负责绘制一批太宗的御容画像,包括常服、绛纱袍、通天冠服等多种类型的御容画像,当太宗的灵柩送往山陵安放之时,需要把这些太宗的御容画像放到送葬的仪仗队的"大升舆"之前,沿途百姓应该都可一睹太宗的圣容。②

这个时候皇帝的御容画像,实际上起到了代替皇帝本人在天下臣民面前走完人生最后一段路程的作用,因此画像上的皇帝看起来是否酷似皇帝本人,就显得非常重要了,这时寻访画技高超的画师为"大行皇帝"制作遗容,就是朝廷的头等大事。

---

① 《宋会要辑稿》,第718页。

② 《宋会要辑稿》,第1323页。

牟谷是北宋前期造诣最高的人物画家，他在太宗朝曾经供职于"图画院"，成为宫廷画师。端拱初年（988），他奉命跟随出使交趾的宋朝使臣前去安南，宋太宗交给他的任务是暗中画下安南王黎桓及其下属文臣武将的写真画像。太宗此举，大概是效法太祖。在解决南唐之前，太祖曾派王霭去绘制南唐重臣的画像，以达到知己知彼的效果。

太宗早年有恢复汉唐旧疆的雄心，除了多次试图收复燕云十六州以外，唐代的安南都护府的地盘，最初也在太宗的统一大业计划之内。太平兴国六年（981），即高粱河惨败的两年后，安南发生内乱，掌握军权的黎桓取代了此前统治安南的丁氏家族。宋太宗听信广西地方官的汇报，以为安南改朝换代，政局不稳，正是宋朝收复安南的大好良机，于是下令派兵进攻安南。结果在白藤江与安南军队遭遇，白藤江之战宋军又以惨败告终，主帅侯仁宝战死。

在吃了黎桓的大亏以后，想起太祖成功解决南唐的故事，太宗于是想通过"画像"的方式获取黎桓君臣的情报。不过，太宗晚年恐怕也认识到收复安南已不可能。淳化四年（993），太宗正式册封黎桓为"交趾郡王"，事实上承认了安南的自主地位。我怀疑，他可能后来都忘了曾经派人去安南打探情报的事儿，所以，被他派去执行特别任务的画师牟谷就惨了。

为了完成宋太宗交代的绘制安南君臣写真画像的任务，牟谷在安南待了多年，直到太宗病逝前才回到开封。

回国后的牟谷正好碰到太宗驾崩，当年太宗分配给他的去偷绘安南君臣写真画像的任务，其性质决定了这应当是一个秘密任务。恐怕只有太宗本人或几个少数亲信知道，他回来后太宗已经不在了，他不但无法复命，而且因为离开宫廷已近十年，早已物是人非，回到京城后，竟然没人搭理他，他只好在开封的阊阖门外找了个地方住下来，一度成了无业游民。

直到有一次，真宗巡视开封城中的一处名叫"建隆观"的道观，牟谷觉得机会来了，故意在观内找了间房子，把自己为太宗所画的御容画像挂在房中，引起了路过的真宗的注意。不过此举也有很大的风险，因为个人私藏御容画像是违法的，最初真宗发现牟谷的房间中挂着太宗御容，立即派人把画像没收，并把牟谷也抓了起来。在当面审问牟谷何以会有太宗的画像时，牟谷把自己跟太宗之间的故事详细地告诉了真宗，真宗听了之后，决定不再追究他私藏御容之罪。这次有惊无险的"偶遇"，不但让牟谷恢复了宫廷画师的身份，而且还让他的画技大放异彩，成为宋代御容画像的第一人。

当时太宗的御容画像多是由宫廷画师中最擅长人物肖像画的元霭所画，但真宗对于元霭画的太宗御容像一直不太满意，发现了牟谷之后，又让牟谷重新绘制了太宗的御容画像。

据说，当时所有的宫廷画师，都只能画"侧面像"，而敢于画"正面像"的，只有牟谷一人。最终，牟谷因为画技出众，被提拔为"翰林待诏"。①因为当时的画家主要靠线条勾勒人物的脸形轮廓，无法像油画那样通过光影明暗来表现面部特征，故而仅靠线条来表现正面像，容易失真，所以现存的宋代皇帝御容像都是侧面像。太宗的传世御容像虽然有两幅，一幅是立像（见图1-1），另一幅为半身像（图7-7），画的都是太宗的侧脸。

考虑到太宗驾崩时，在御容绘制上出现的临时抱佛脚的问题，真

---

① ［宋］郭若虚：《图画见闻志》卷3，中华书局，1985年，第138—139页。

图7-7 宋太宗半身像 台北故宫博物院藏

宗临终前，朝廷听说民间画家王端画技高超，特意将其召进宫中，真宗刚一咽气，皇后和群臣马上让王端和宫中的画师一起给真宗绘制"遗像"，王端当场一挥而就，宫中画师无人能及，不但画得快，而且画得像。据说，真宗的八弟赵元俨在一旁见到栩栩如生的真宗御容画像，竟然悲从中来，哭得格外伤心。[1]这个场景颇为奇怪，因为真宗死时，主持大局的是刘皇后（即章献太后），枢前即位的是仁宗，真宗老婆儿子的悲痛，居然不如一个弟弟，明显有点反常。

赵元俨就是民间戏文里大名鼎鼎的"八贤王"的原型之一，不过真实的历史中，他只不过是一个地位尊崇的"闲王"罢了，史书上他的戏份并不多。赵元俨在真宗死后对着酷似真宗的御容遗像恸哭的场景，显然并不简单。

事实上，真宗与仁宗两父子的帝位交替之际，看似平稳，其实也是暗潮涌动。真宗晚年，长期身体不好，太子（仁宗）又年幼，刘皇

———————

① [宋]刘道醇:《宋朝名画评》卷1。

图7-8　章献太后坐像　台北故宫博物院藏

后参决政事，渐渐控制朝政，引起真宗和部分朝臣的警惕。天禧四年（1020），真宗一度打算打压一下刘皇后的权势，同意寇準策划的由太子（即仁宗）监国，重臣辅政的新权力格局，这无异于是针对刘皇后的一场政变。结果因为寇準保密工作做得差，事情泄露于外，遭到刘皇后的反攻，真宗在关键时候"失忆"，于是寇準被罢相外放。

一个月后，宦官周怀政又策划了一场未遂的宫廷政变，企图让真宗当太上皇，拥立仁宗当皇帝，而罢废刘皇后。此事最后也以失败而告终，至此刘皇后的权势已不可动摇。真宗死前，曾对身边的人抱怨说："昨天晚上，朕跟前的人都跑到皇后刘氏那里去了，把朕一个人晾在宫中"，可见宫中都是刘皇后的人。乾兴元年（1022）真宗病逝，年仅十二岁的仁宗即位，尊刘皇后为皇太后，朝政实际上都掌握在刘太后手上，连新拟的年号"天圣"，也被传言解读为"两个圣人"（"天"字可以拆成"二人"），暗示除了皇帝这个"圣人"以外，还有太后这个"圣人"，这是历史罕见的天无二日，而民有二主！

因此，在赵元俨看来，真宗死后的局面，对"赵家"而言，恐怕真是岌岌可危的。当他忽然之间看到活灵活现的真宗御容画像跃然纸上时，怎能不格外伤心呢！

《宋史》记载，刘太后临朝听政的十年间，赵元俨"自以属尊望重，恐为太后所忌，深自沉晦。因阖门却绝人事，故谬语阳狂，不复预朝谒。"[1]论在赵氏皇族里的地位，他是太宗活得最久的一个儿子，也是真宗最小的弟弟，但却只能靠装疯卖傻混日子，可见过得有多憋屈。所以，刘太后死后，他是第一个跑去告诉仁宗"太后不是你亲妈"

---

[1]《宋史》卷245《赵元俨传》，第8906页。

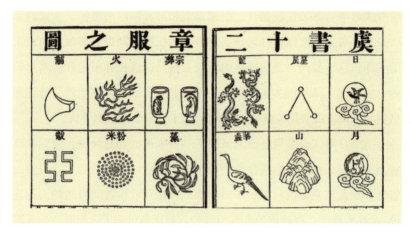

图7-9 十二章示意图

的人,而且他对仁宗说的话也损得很,他说:"陛下乃李宸妃所生,妃死以非命",企图诱导仁宗"清算"刘太后。

事实上,刘太后晚年,权势越来越大,死前一年,她突然召见礼官大臣,表示想穿皇帝才能穿的"衮冕之服",副宰相晏殊以《周官》为据,说太后应当穿"王后之服",惹得她大怒,于是群臣都不敢再反对。事后礼官们想出一个折衷的办法,为她量身订制了一套独特的皇太后礼服。本来皇帝所服的衮冕之服,标配有"十二章",即在衣和裳上绘出日、月、星辰、山、龙、华虫、宗彝、藻、火、粉米、黼、黻一共十二种图案,礼官们对此稍加修改,把十二章减为十章,删去了宗彝和藻两种图案,遂下冕服一等,称之为"衮衣"。但头上所戴的帽子跟皇帝的冕冠一样,也是前后各十二旒,改称"仪天冠"。

刘太后的这套仪天冠加衮衣的穿搭,在形制上与皇帝的冕衮之服几无二致,离她成为"宋朝的武则天",也就一步之遥了。所以在赵元俨看来，此时的赵家天下，着实已经危在旦夕了。

好在第二年，刘太后就病逝了，仁宗亲政，赵家的皇位转危为安。有意思的是，刘太后死后，仁宗召见辅臣，聊起太后弥留之际的一件怪事，仁宗说："太后当时病情恶化得很快，已经不能说话了。但却好几次想用手拉衣服，像有什么话要说，不晓得是怎么回事？"这时有个大臣听到仁宗的描述后忽然明白，立即提醒道："太后的意思是身上穿的这套衮衣啊！穿成这个样子，等会儿到了地下，哪里有脸去见先帝啊！"仁宗这才明白，刘太后介意的是，生前的这身装扮有些不大方便在死后去见真宗，立即让人去给太后换了身"后服"才入殓。①

太宗、真宗的葬礼上的御容画像都画得不错，也为皇家的葬事增色不少。但也不是每一次都有那么好的运气，能够找到出色的画家完美地完成这项工作。神宗死后，就出现了宫廷画师把神宗的画像画得不像的尴尬情况。元丰八年（1085）三月五日，久病不起的神宗在福宁殿与世长辞，宰相王珪宣读遗诏，年仅九岁的皇太子即位，是为哲宗；尊神宗生母、英宗皇后高太后为太皇太后，辅导哲宗处理军国大事，并即日为神宗发丧举哀，开始为神宗办丧事。

三月十三日，哲宗率群臣为神宗的遗体举行了"大殓"仪式，三月十七日，依礼制举行了"小祥"之礼。小祥本为"周年祭"，但皇家从汉代开始，为了节约时间，办葬事都"以日易月"，所以本该在十二个月后举行的小祥，提前到了神宗死后的第十二天。三月二十一日，哲宗亲自到迎阳门，举行了即位以来的第一次听政朝会，这是他在百官面前的第一次亮相。哲宗与群臣的第一次"见面会"，是带着百官一

---

① 《长编》卷112，第3610页。

图7-10 《历代帝王图》中冕冠的形制

起去集英殿瞻仰大行皇帝（神宗）的遗像，由宰相领头，文武百官依次上殿对着神宗的遗像"举哭尽哀"。

三月二十九日，举行"大祥"之礼，大祥本来应在两年以后举行，同样是因为皇帝的葬礼仍按以日易月的办法，在二十天后举行。四月一日，举行禫除之礼。到这时在宫中举办的丧事也就办得差不多了，之后就是送往早已选好的皇陵安葬的事了。到五月六日，又确定了神宗的陵墓名"永裕陵"，一切都按照常规的葬礼程序走着。

到了六月一日，群臣按惯例到福宁殿哭丧，结果却接到了诏旨，让大家去集英殿集合，再次前去一起观看大行皇帝画像，诏书中给的理由特别直白，说是"前像未肖"，也就是哲宗和太皇太后高氏都觉得三月二十一日那次瞻仰的神宗画像画得"不像"。大概这时又让宫廷画师重新画了一遍，于是群臣只好再把不久前才表演过的仪式又重新演了一遍。[1]

现存台北故宫的宋代皇帝御容画像系列中有一幅神宗坐像，从面

---

①《宋会要辑稿》，第1354页。

图 7-11　宋神宗坐像　台北故宫博物院藏

相上来说，画得像不像，我们不知道。但这幅画整体来说，模式化比较严重，在神形兼备这一点上，做得并不好。特别是画中的神宗，面容憔悴，神情委顿，看上去像是一个饱受中年危机折磨，被生活的重担压得喘不过气来但又停不下来的打工人。所以高太后和哲宗觉得葬礼上的神宗画像画得不像，恐怕不是身形相貌上的不像，而是未能展现出神宗身为皇帝该有的那种英气。

神宗当上皇帝的时候还不到二十岁，在位十九年，死时离满三十八岁都还差两个月。但传世的"宋神宗坐像"中的神宗，看起来明显比他的实际年龄要大很多。而且和太祖画像的"老相"不同，太祖看起来虽然有点"老"，但太祖的脸上，展现的是多年军旅磨炼的丰富阅历，虽然老相，却英气逼人。而神宗的画像则没了这种"英气"。众所周知，神宗这个皇帝当得并不顺心，他一心想着变法图强，在他的支持下，才有"十一世纪中国最伟大的改革家"王安石。

不过，改革最大的压力承受者，不是王安石，而是神宗自己。因为王安石面对反对变法的阻力和压力，可以辞职，但神宗的这个皇帝的工作却是没法一言不合就躺平不干的。另一方面，神宗时代，随着宋代士大夫政治的成熟，皇帝的权力在理论上虽然至高无上，但在实际的工作中却处处受制，用神宗自己的话说是"快意事做不得一件"。

这是一个已经被讲烂了的故事。

一天，宋夏陕西之战大败，战报传到京城。神宗很生气，下令处斩一个后勤保障失职的官员。第二天，宰相蔡确进见，神宗问蔡确："昨天朕下旨斩了那个失职的运粮官，是否已办妥？"蔡确回答说："臣正打算汇报这事儿呢！"神宗满脸疑惑地问道："这事儿有什么问题吗？"蔡确语气沉重地说："本朝自太祖太宗以来都没有杀过读书人，没想到从陛下这里开了个头儿。"听了蔡确的话后，神宗陷入沉思，过了好一阵儿才继续说道："好吧，死罪可免，活罪难逃。给他脸上刺字，然后流放到又远又穷的地方去好好改造改造吧！"

这时另一个宰相章惇接话说："这么搞还不如杀了算了！"神宗只得问："这又是为什么？"面对神宗的不满，章惇却理直气壮地怼道："士可杀，不可辱"。神宗这时是真挂不住了，拉下了脸色，大喊一声："快意事做不得一件！"章惇却说："如此快意，不做得也好。"[①]在这种情况下，章惇居然还敢把神宗的"气话"给顶回去，足见神宗这个皇帝当得有多么憋屈了。

所以，我怀疑，在这一点上，宫廷画师恐怕过于追求"写实"了，画师们平日里见到的神宗应该经常是心绪不畅的，其精神状态恐怕就是这个样子的。所谓"前像未肖"，可能不是"相貌"画得不像，而是觉得神宗的"神采"不够吧。所谓一流的画家，所画的人物，要神形兼备，而在见惯了神宗操心劳神之态的宫廷画师笔下，神宗自然只能徒具其形了。

另一方面，画中的神宗没有宋代大多数皇帝画像中透露出来的那种文艺范，反倒与神宗"工作狂"的气质颇为相符。

宋神宗本人不像大多数宋代皇帝那样有文艺生活的情趣，他是一个一心一意搞事业的皇帝，就连政事之余与文臣聊起诗歌，也少有吟诗作赋的雅兴，而是借着聊诗，跟大臣们继续加班聊工作。如有一次他问身边饱读诗书的大臣："《诗经》里'青青子衿，悠悠我心'这首诗，为什么会放在《郑风》的最后？"大臣们从未想过这种问题，一时

---

① [宋]侯延庆:《退斋笔录》。

都回答不上来。神宗这时悠然地说道:"这事儿没有什么别的原因,就是应了'虐政虐世,然后知圣人之为郛郭也'的这句名言。"众大臣听后都大为叹服。①

现代人读到《子衿》这首诗,想到的是一个遇人不淑的女子在那里抒发自己的相思之苦。诗中的名句是"纵我不往,子宁不来?","一日不见,如三月兮",都是些单相思的"虎狼之辞"。南宋理学家朱熹就说"此亦淫奔之诗也"。当然,古人,特别是一本正经的儒家学者,不会,也许不这么想。儒家经典,如《毛诗序》认为这首诗是在说郑国在衰乱之际,学校荒废的衰落景象。"虐政虐世,然后知圣人之为郛郭也"这句话,源出扬雄的《法言》,意思是碰到暴君统治,世道大坏的时候,才知道圣人的礼乐教化的重要。神宗把扬雄的话拿来解释《诗经》的"编次"问题,信手拈来又恰到好处,不得不让人拍手称绝。

但这样一本正经地谈诗,随时随地都想着治国理政之道。脑补一下神宗的日常,跟太宗常常与大臣赋诗唱和的风流雅韵比起来,神宗的休闲生活真是毫无乐趣可言!

更有意思的是,别的皇帝写诗,大多是吟风弄月,或为消遣娱乐,或为附庸风雅,神宗写诗却是为"存钱"。神宗曾写过一首诗:"每虔夕惕心,忘意遵遗业。顾予不武资,何以成戎捷?"

这首诗的意思是,神宗在提醒自己,要时刻不忘完成太祖遗志,收复汉唐旧疆,真正实现一统天下的宏愿。但打仗没有钱,怎么打得了胜仗呢!要论诗的水平,这首诗简直就是以文为诗的典型,太过直

---

① [宋]吴曾:《能改斋漫录》卷13。

白，确实不怎么样。但有此志向，在宋代的皇帝中实属难得，不过要继承太祖收复汉唐旧疆的遗志，就要去开疆拓土，而打仗是很花钱的，"顾予不武资，何以成戎捷？"这句可翻译为"要不是我为动武存够了钱，国家又怎么可能打胜仗呢！"

神宗把每年收上来的金银财宝分库收藏，每一个库房就用这首五言绝句的一个字命名，就可以齐集二十库的财宝，那就可以为开疆拓土累积到足够的军费了，他用这样的方式来激励自己好好存钱，可谓在"诗坛"别开生面了。这笔钱后来确实成为用兵西夏、开拓青唐的军费补贴，这个库藏，最后也形成了历史上著名的"御前封桩库"。①

国葬上宋神宗的画像画得"不像"的尴尬，也许并不是个别宫廷画师的水平问题。北宋的人物画比较发达的时期，是在两头：即大宋开国的太祖、太宗、真宗时期，和既是高潮也是末日的徽宗时期。现存的画史中，有机会露脸的北宋人物画家，都在这两个时段。而从仁宗到哲宗的六、七十年间，就基本看不到出名的人物画家的故事。画史中北宋中期的人物画名家只有一个僧人出身的维真，他曾被召入宫，"写仁宗、英宗御容"，被当时的人称为"元霭的继承者"②。

这说明僧维真的人物画造诣是为时人所称许的，但这也揭示了人物画在这一时期出现了严重的断层问题：和北宋前期与末期的人才济济不同，北宋中期的人物画名家真是屈指可数。唯一的名家僧维真没有画作留下，而如今仁宗时期最赫赫有名的人像画《睢阳五老图》，又是一位不知名的民间画手所作，显然这位画手在当年绝非名家。恕我

---

① 《挥麈后录》卷1。
② [宋]郭若虚：《图画见闻志》卷3。

图 7-12　《睢阳五老图》的杜衍像

美国耶鲁大学博物馆藏

眼拙,窃以为《睢阳五老图》在艺术上的造诣并不高,笔法呆板,构图程式化严重,其对肖像的表现手法,远不如宋代前期皇帝的御容画像。

"宋太宗半身像"(见图 7-7),宫廷画师通过晕染,以颜色层次的细微差异形成的微弱的光影感来表现面部的立体感,使得画像上的人脸更接近于真实的人脸。据说这种高超的"染色法",当时只有太宗的御用画师元霭才办得到,"霭公每成染颜色毕,怀中别出一小石,研磨所色盖覆肉色之上，然后遂如真，众工所不及者正为此。"①元霭并不纯粹依赖线条的表现力，而是综合运用了色差光影等多种手法，使人物的面部表现更为立体。

反观《睢阳五老图》（见图7-12）中人物的面部表现，由于失去了颜色变化所透析出来的立体感，画家只能依靠线条来勾画人物的五官和面部轮廓，使得画家更倾向于夸张人物面部的某些特征来捕捉人物的表情，这种大头贴式的漫画感必定会使得人物的面目产生严重的失真，所谓"如真"就成了遥远时代的传说了。

更值得讨论的是，前揭的北宋中期人物画水平与北宋前期比起来所呈现的下降趋势，并不意味着北宋中期绘画圈就没有人才，恰恰相反，这一时期的画坛其实更为精彩纷呈，只是画画人和看画人的兴趣爱好发生了较大的转向。如神宗时期的宫廷画院中，最知名、成就最大的画家，是山水画大师郭熙。传世名画《早春图》就是他的代表作，绘于神宗熙宁五年（1072），正是神宗主导的王安石变法开展得如火如荼的时候。

《早春图》的艺术造诣极高，本来像"早春"这样的过渡性季节是转瞬即逝，很难把握的，但郭熙以富有灵动变化的构图，在卷曲的峰峦之间、盘绕的树枝之上、流动的溪流之下、飘浮的雾霭之中，捕捉到了变动不居的早春景致。神宗非常喜欢郭熙的山水画，史称"神宗好熙笔"。

当然，《早春图》可能有隐晦的政治寓意，郭熙和他的儿子郭思合著的宋代山水画的理论代表作《林泉高致》中写道："大山堂堂，为众

---

① ［宋］郭若虚：《图画闻见志》卷3。

山之主，所以分布以次冈阜林壑，为远近大小之宗主也。其象若大君赫然当阳，而百辟奔走朝会。"在这种山水布局理念中，大山喻指皇帝，群山代表群臣，以自然界的井然有序规范人伦关系的君臣结构，试图把君臣政治秩序的俗套掩映于林泉高雅的山水风韵之中。而《早春图》的全景布局，就很好地体现了《林泉高致》中的君臣理念。

画中耸入天际的那座大山，无疑代表的就是神宗。郭熙最得圣心的地方，我以为还是画面下方增添的一点小情趣：画家将整个画面的下方打造成一处溪岸，右侧的岸边是一对正在打渔的父子，左侧的水边泊着一艘小船，有一个村妇正挑着鱼篮走下来，岸上舞动着树枝戏耍的小孩在一位老婆婆的带领下，正在等着村妇从外归来。画里最下方反映的恰恰是君臣政治生活中最底层的老百姓的日常，画面下方的两侧，一边是父子的劳作，一边是婆媳的分工，一家人简简单单、整整齐齐地过着自给自足的生活。

这个温馨的画面，尽管只占到了整幅画中极小的比例，却是画龙点睛之笔。下方溪岸的画面和上方的群山之间，虽是两个世界，却又和谐统一。表面上渔夫家庭的生活似乎很难与千峰万壑的群山发生联系，就如庙堂之上的君臣并不会与市井小民混杂在一起一样。但庙堂的好坏，决定着市井的兴衰，渔夫一家的幸福生活，正是对明君贤臣最大的肯定。如何能让神宗不喜欢呢！

比起简单直接地以帝王肖像画来烘托皇帝的伟大，这样的"山水政治"更加润物无声，故而哪怕是政治理念不同，也并不妨碍士大夫们欣赏郭熙的山水。

对神宗的变法持反对态度的苏轼、苏辙兄弟对郭熙的山水画也赞不绝口，苏轼为郭熙所画的《秋山平远》题诗曰："目尽孤鸿落照边，

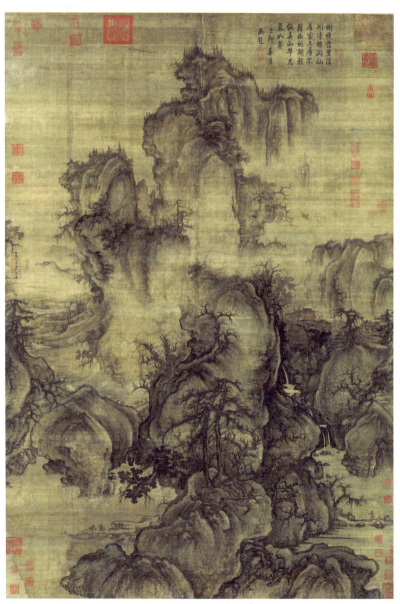

图7-13 《早春图》 台北故宫博物院藏

遥知风雨不同川。此间有句无人见，送与襄阳孟浩然。"苏辙也为这幅画写下了"乱山无尽水远边，田舍渔家共一川。行遍江南识天巧，临窗开卷两茫然"的诗句。《秋山平远》这幅画虽然已经不可见了，但今天品读这些诗句，仍能让人浮想联翩，郭熙画笔下"林泉高致"的胜景，搭配上二苏兄弟的诗笔，成为"诗中有画，画中有诗"的绝配。

可以说，这时宋人在文艺上的聪明才智都用到山水中去了，人物画水平自然不比从前，这才会有神宗的画像在葬礼上需要重画，百官群臣需要瞻仰两次神宗遗像的怪事出现。

事实上，北宋后期的御容画像的整体水平都大不如前。元符三年（1100）正月，哲宗病逝。随后开始了漫长的葬礼，在这个过程中，御容画像也是很重要的道具之一，朝廷重臣们都花了不少心思试图搞到一幅画得比较像的哲宗御容。当时主持枢密院工作的曾布的日记《曾公遗录》中记载了一个故事，说的是到四月份的时候，宰相章惇突然带着亲信官员林希委托画工邱立所画的哲宗御容画像献给徽宗，并说："臣等昨天见到御药院所画的大行皇帝画像，画得很不像啊。"

可见当时宫廷画师的水平不行，官员们开始自己想办法提升御容画像的质量了。其实不只章惇有进献御容画像的打算，在他之前，另一位以高超的艺术素养知名的大臣蔡京也曾给徽宗进献过哲宗的御容画像，徽宗听到章惇的话后就感叹说："蔡京之前曾进呈了一幅过来，也画得不像。就算画得能有五、六分像，也算可以的了。"看来蔡京找的画工水平也不行，而看徽宗的言下之意，现在宫廷中所拥有的哲宗画像，连五、六分像都做不到。不过徽宗的话，给这事儿定了调子，就是不需要画得很像，大致的轮廓和样子像就行了。

于是这时曾布等人纷纷说："林希让人画的这幅大行皇帝御容像已

图 7-14 宋哲宗坐像 台北故宫博物院藏

经有五、六分像了"。徽宗才说："那很好了。"说罢，徽宗又到垂帘听政的向太后跟前说："蔡京送来的大行皇帝画像简直不像，但他有这份心意也就很好了。"曾布这时说："将来大行皇帝的御容塑像也是以画像为模本制作的，因此画像也不可以太不像。"向太后也认同曾布的说法，补充道："只是因为塑像必须依靠这个来做，所以不可不像啊！"

　　事实上，给皇帝画像，不只是画艺的问题。由于史料有限，我们看不到宋代画家在这方面的吐槽，在这里可借明人王绂在其所著的《书画传习录》中的独白来感受一下给皇帝画像有多难，他说"写真固难，而写御容则尤难"。为什么呢？因为"皇居壮丽，黼座尊严"，画家在这种场景下,情绪紧张在所难免,自然会影响到画技的发挥。

更糟糕的是,皇帝本人和画家为了显示天子的威严,往往也束手束脚,很难画出人物的神采。一方面,画家"凛天威于咫尺,不敢瞻视",这就不容易把握得住皇帝本人容貌的特征,加上"上者斯时亦严乞正心,不假频笑",也就是皇帝本人一板一眼地端坐着,神形本就呆板,又给画家增加了难度。在这种情况下,画家往往"求其形似已足幸免于戾,何暇更计及神似耶!"

第八章

神仙颜值

如朕亲临

绍兴九年（1139）六月十九日，南宋派往陕西负责接收事宜的官员郑刚中一行抵达华州的华阴县，参拜了当地最有名的道观——云台观。他在这里发现，当北宋灭亡，南宋重建之际，北宋大部分的皇帝御容像在沦陷区都命途坎坷，但云台观的宋真宗御容却完好无损。

　　云台观是五代、宋初驰名政教两界的名士陈抟的栖居之地，在朝堂上和道教中都有着非凡的影响力，在北宋一朝更是声名显赫，规模宏大。陈抟在周世宗时就已知名于世，周世宗曾召见他访求"黄白之术"，他却劝周世宗身为天下四海之主，应当专心治国，以天下太平为念，不必留心炼丹术之类的雕虫小技。这番对话，也就成为朝堂上的一段佳话。

　　北宋建国后，宋人颇借助其影响力以营造有利的舆论氛围，据说宋太祖陈桥兵变，黄袍加身之后，有一天陈抟骑着驴儿在华阴街上漫不经心地乱走，突然听到集市上的人都在说"赵点检作了官家"。听到这个消息，他突然在人群中大笑起来，大家都跑来问他为什么这么高兴，他笑着说："天下这回总算可以安定下来了。"①宋太祖当上皇帝，

①［宋］魏泰：《东轩笔录》卷1。

纯属欺负人家孤儿寡母，本来不是什么光彩的事情，但经陈抟这么一说，竟然成了终结五代乱世的天命攸归，大宋的前途一下子就光明起来了。

宋太宗即位后，也想借重他的名声为自己打造太平天子的人设，多次邀请他到京城相见。太宗与他相谈甚欢，见面之后，太宗跟身边的宰相宋琪等人说："陈抟隐居华山已四十多年，朕猜他已经将近百岁了吧。他自称历经五代乱世，有幸得见天下太平，故而请求前来见朕。朕和他聊天，觉得他讲的话都很有道理！"这段话看似太宗在夸赞陈抟，实则是太宗借陈抟之口，表扬了自己是百年来难得的实现了天下太平的圣主。

后来太宗让陈抟去宰相们办公的地方，与宋琪等人相见，宋琪居然不能领会圣意，他听到太宗夸陈抟长命百岁的话，竟然向陈抟打听起了养生之术。陈抟听罢十分无奈，只得趁机再说了一遍有幸得逢太平盛世的陈词滥调。

他义正词严地告诉宋琪："我只是个山野无用之人，并不懂什么神仙黄白之术和吐纳养生之理，而且就算有白日飞升、羽化成仙之术，又何益于世呢！当今圣上龙颜秀异，有天人之表，通晓古往今来的历史成败，深明天下兴亡治乱的根本道理，是真正的有道仁圣之主。现在正是你们这些大臣好好辅佐皇上，一起努力，同心同德，开创太平盛世的时候。这才是你们该做的事情，这才是真正的修行！"这回，宋琪终于听懂了，立即称赞陈抟讲得实在是太好了。

他在事后把这话又给太宗转述了一遍。陈抟有此觉悟，更加名重朝野。宋太宗亲自下诏赐号"希夷先生"，并让有关部门出面大肆增修和扩建云台观，于是云台观也成为有宋一代最声名煊赫的道观之一。①

北宋亡国后，中原、陕西等地相继沦陷，历经多年的战乱兵火之后，郑刚中发现，云台观已经没有剩下几间房子了，当年壮丽的宫室殿堂早已不存，这当然也是意料之中的事情。靖康二年（1127）北宋亡国时，陕西等路其实还在宋朝的控制之下，且陕西诸军也是北宋军队中号称最有战斗力的"西军"，从中原进入陕西的重镇陕州（今河南三门峡）直到建炎四年（1130）初才陷落。但当年秋天，陕西宋军主力与金军在富平会战惨败，陕西宋军主力基本被金军打残，金军随后就占领了整个陕西六路，此后南宋就基本上失去了陕西的全部地盘，云台观也从此落入金人手中。

郑刚中等人此行是奉命前去宣谕陕西的，因为绍兴九年（1139）初，宋金达成了第一次和议。这次和议，与臭名昭著的绍兴十二年（1142）和议相比，看上去要体面很多。这时的金朝统治者对于"土地"的重要性还没有充分的认识，为使宋朝在政治上彻底臣服，竟然给了宋朝一个"大礼包"：即在南宋向金朝称臣纳贡后，金朝将河南、陕西等地归还给南宋。和议达成后，南宋发布了东京（开封）、西京（洛阳）、南京（应天）等中原重镇的官员任命，开始接收河南故地。

陕西的情况比较特殊，金朝当初统治陕西主要依靠当地的一些军阀势力，因此南宋在接收陕西时，为了稳住这些人，基本上都让他们继续留任原职，没有像河南那样，直接委派官员接收。但为了搞清楚陕西的真实状况，以及表示对新收复地区人民的关怀，绍兴九年四月，南宋朝廷下诏以签书枢密院事（资历较浅的枢密院副长官）楼炤"宣

①《宋史》卷457《陈抟传》，第13420—13421页。

谕陕西"，实际上是组建了一个以楼炤为首的接收团队，整个团队有十多个人，包括参议官、参谋官、书写机宜文字、干办公事、提举钱粮、点检医药饭食等，郑刚中则以左宣教郎、试秘书少监充任枢密行府参谋。

郑刚中一行这次路经华州，距宋朝失去陕西，差不多已有十年之久，这或许也是十年来，宋朝官员第一次踏足云台观。

虽然云台观在战乱之后破坏严重，但让郑刚中等人惊喜的是，观中保存最为完好的建筑居然是供奉着宋真宗御容的会真殿（集真殿）①，而且殿中原来供奉的真宗御容也完好无损，不但没有被金人破坏，甚至还跟新的一样——"壁间御像如新"。郑刚中大惑不解，立即找来观中的老道士询问原委。老道士说，当初金兵来时，我们在真宗皇帝的画像上挂了一块"南极寿星"的匾额，这才骗过了金人，金人根本不知道这是宋真宗！②原来不是金人对真宗大发善心，而是他们根本不知道这是真宗的御容画像。

靠着这番"神操作"，宋真宗的御容像在金朝的统治之下，竟得以安然度过了最动荡的岁月。

离京城颇为遥远的云台观为什么会有宋真宗的御容像呢？还是因为陈抟。据说太宗听说陈抟看相的功夫一流，于是让他去给当时还是寿王的真宗看相，陈抟奉命前往寿王府，刚走到门口，竟然掉头就往回走，连真宗的面都没见一下，就回到太宗跟前复命去了。太宗当然

---

①　按《宋会要辑稿》《宋史》所记，云台观的真宗御容殿名"集真殿"，但此处郑刚中记为"会真殿"，可能是他的误记，也有可能是后世传抄之误。

②　[宋]郑刚中：《西征道里记》，顾宏义、李文整理标校：《宋代日记丛编》第2册，第650页。

早已得到了相关情况的汇报，于是问陈抟何以不见真宗一面就回来了，陈抟答道："不必看了，寿王就是将来的天下之主。因为我在王府门口看到两个打杂的小厮，观其骨相，全都是将相重臣的命，又何必再见寿王殿下本人呢！"

据说这两个打杂的小厮，就是张旻（后改名张耆）和杨崇勋，张旻后来官至侍中，杨崇勋后来官至使相，二人本身并无多大才干，靠的就是真宗对潜邸旧人的关照才得以厕身将相之列。陈抟此语，暗指真宗必有帝王之命，才能让这帮平庸的手下也能跟着他鸡犬升天。当然，宋人相信，太宗在听了陈抟的说法后，更加坚定了让真宗继承皇位的决心，这就是所谓的陈抟对真宗的"建储之助"，他在这个关键时候帮了真宗的大忙。①

真宗对于陈抟，一直是感激的。大中祥符四年（1011），真宗导演并主演了一出捧着天书祭祀"后土"于汾阴（在今山西省运城市万荣县）的闹剧，完事之后，路过华阴，真宗特意去了一趟云台观。这时陈抟已经仙逝二十多年了，观中的道士拿出陈抟的画像供真宗凭吊，真宗下旨免除了云台观的田租。

此行真宗还碰到了在华山隐居的道士郑隐，此人早年曾经也是个儒生，后来因为有道士传授他辟谷练气之法，他修习之后，觉得效果明显，于是就留在华山当了道士。这个郑隐大概也住在云台观。云台观的后面建有陈抟的祠堂，堂上刻有太宗、真宗、仁宗北宋三代皇帝写给观中道士的御书诗，其中真宗的诗就是写给郑隐的，诗曰："尽日临流看水色，有时隐几听松声。遍游万壑成嘉遁，偶出千峰玩治

---

① ［宋］魏泰：《东轩笔录》卷 1。

平。"①

跟后来到处写诗的乾隆比起来，真宗这首诗写得清新出尘，很是不错。表面上是在描绘一幅隐居于山水之间的世外高人的生活状态，其实是在告诉世人，如此美好的生活，其前提正是我给你们创造的盛世。前三句，看水、听松、游山，把仙风道骨深藏于寻常事象之中，造景抒情，意境深湛。当然最重要的是最后一句，真宗劝郑隐虽然身为隐士，也应该偶尔出来看看大宋王朝的太平盛世，此为点睛之笔！

正因为真宗与云台观有着如此特别的关系，四十多年后的至和元年（1054），云台观终于建起了专门供奉真宗御容像的御容殿。据宋朝官方的解释，云台观之所以会有真宗的御容殿，就是因为真宗曾经专门巡视过这里——"帝再游幸之地"。②

在郑刚中所讲述的故事中，最后，也最有意思的是，北宋亡国后，云台观的老道士把真宗御容像"假扮"为南极寿星像，这么做为什么能瞒过金人呢？换句话说，在当时，一定存在着某种大家共享的观念，即宋真宗"真的"长得像"南极寿星"，否则，这样的"假扮"，很难让金人相信。然而巧的是，在宋代，人们还真是以真宗的相貌来打造南极寿星的。

这事儿，说起来话就长了。

宋太宗即位后，经常跟身边的人讲："朕在当晋王的时候，我哥太祖皇帝对我特别好，天天赏我金钱财宝，多得数都数不过来。朕打算把我哥赏我的珍宝卖了修一座道观，为百姓祈福，这钱完全由朕从自

---

①［宋］郑刚中：《西征道里记》，顾宏义、李文整理标校：《宋代日记丛编》第2册，第650页。

②《宋会要辑稿》，第719页。

己出售藩邸财物的收入中出，绝不要国库出钱！"[1]于是后来用这笔钱，在京城昭阳门内道的北边修了一座道观，是为上清宫。太宗说这话，当然是为了表示自己当皇帝绝非像"烛影斧声"之类的流言所描述的那样来路可疑。因为这是平日里，太祖对太宗素所钟爱的最好证明。

上清宫的规模庞大，修了很多年，直到太宗晚年才修好，完工之时已是至道元年（995），两年后，太宗就病逝了。此后真宗、仁宗两朝，皇帝和朝廷经常在上清宫举行各种祈福活动，上清宫也因此成为京城中数一数二的著名道观。

庆历三年（1043）十一月，上清宫发生了火灾，整个建筑群大部分都被烧毁了，由于修复工程实在太过庞大，朝廷也无力再出钱复建，最后决定把原址送给禁军当军营。然而上清宫在这次大火中，却有一座"寿星殿"保存了下来，于是把寿星殿扩建成了"寿星观"。寿星观建成后，当时宫内的宦官都说寿星殿里的寿星像酷似真宗，这些传言也引起了朝廷的重视，朝廷为此还专门派了一个名叫"范宽之"的官员前去查看此事。估计当初塑制寿星像时，负责的人就是按真宗的样子来做的，所以才会有此相似。寿星与真宗的关系，在差不多二十年后，终于得到官方的承认。

嘉祐六年（1061）十一月，宋仁宗正式下诏在寿星观修建一座供奉真宗的御容殿，赐名"永崇殿"以表示仁宗对父皇的崇敬之情。[2]有了这段"佳话"，宋代的寿星大概都以寿星观的这个酷似真宗的模版为粉本了，寿星看起来像真宗也就不足为奇了。

---

① 《长编》卷37，第806页。

② 《长编》卷195，第4730页。

　　不过，仁宗扩建永崇殿的行为，也遭到了不少大臣的反对，其中尤以司马光最为激烈。他直指把寿星的画像指认为真宗的画像，是负责其事的宦官吴知章"妄希恩泽，恣为诬罔"，所谓寿星与真宗在相貌上的酷似，并不是什么好事，而是一些小人的奸计，他还说："祖宗神灵所依，在于太庙木主而已。自古帝王之孝者，莫若虞舜、商之高宗、周之文武，未闻宗庙之外，更广为象设，然后得尽至诚也。"儒家主张寄托哀思的对象是抽象的神主，而画像、塑像这类模拟先人形象的东西，本是佛教的信仰传统，本就非礼，"画御容于道宫佛寺"，本就有点不像话了，还把真宗打扮成寿星，"又为寿星之服，其为黩与甚矣！"

图 8-1　宋人画寿星老人像　台北故宫博物院藏

可是，关于这个故事，还有一个令人困惑的难题是，一般来说"南极寿星"的形象，通常是一个拖着夸张的大脑袋、躯干萎缩的小老头。传世宋画中也有寿星像，大体与后世无异（见图8-1），这样的形象虽然满足了帝王对"长寿"的追求，但毕竟老态龙钟，毫无帝王的神采。云台观将真宗画成这个样子，恐怕会是拍马屁刚好拍到马腿上吧。

宋人供奉的真宗御容，肯定是常见的"帝王图"的形象，这与一般的寿星老人的形象必定相差甚远。因此我怀疑，在宋人把真宗御容扮作南极寿星的故事中，这个南极寿星可能并非后世的作为寿星的"南极仙翁"或"南极老人"，而是另一位以"南极"为名号的神仙，同时也具有"长生"功能的大神——南极长生大帝。现存宋元时代的南极长生大帝的画像，在山西永乐宫三清殿壁画中尚可看到。

永乐宫壁画，一般认为是元代的作品，离宋代最近，其绘画技法、构图结构以及人物形象，都颇具唐、宋风韵，永乐宫壁画中的南极长生大帝，就是帝王打扮，方面长须，头戴冕旒，宽袍大袖，肃然垂立。看上去非常的端重威严，无论是穿着打扮还是精气神，确如世间帝王该有的样子（见图8-2）。

还有一件事情也可以证明我的这个猜测，大中祥符八年（1015）大年初一，真宗亲临玉清昭应宫朝拜玉皇大帝并给玉皇大帝献上尊号，同时将自己炮制出来的天书安放到宝符阁，当时侍立在玉皇大帝像旁边的就是真宗的御容像，这当然是为了满足真宗位列仙班的夙愿，但也可以猜到，这个随侍在玉皇大帝身边的真宗御容像，肯定是以道教

图8-2　南极长生大帝　永乐宫壁画

神仙的常见图像出现的，极有可能就是南极长生大帝的形象。①

把皇帝的相貌画到神仙的脸上，这一做法，肯定不会是真宗的发明，但他应该相当熟悉这套操作手法，因为真宗本人就曾经被这种创意震惊过。大中祥符四年（1011），宋真宗亲自导演了祭祀汾阴后土的大剧之后，途经洛阳，游览了洛阳的上清宫，当他站立在殿内悠然自得地欣赏上清宫最著名的"三十六天帝图"时，突然指着其中一位名为"赤明和阳天帝"的画像，兴奋地大叫道："这是先帝啊！"

宋真宗在无意之间看到了过世已久的父皇宋太宗，显得格外激动，他立即命人摆上几案，对着画像焚香叩拜，拜完之后真宗还不断地感叹这幅画的"画笔之神"，在画像前伫立了很久才离开。②真宗的这个意外发现，并非巧合。事实上，这位相貌酷似宋太宗的赤明和阳天帝，是道教三十六天的"赤明和阳天"的尊神。宋人普遍认为"赵氏以火德王天下"，即赵宋王朝按五行德运说，正好转到火德，因此宋朝以"红色"为尊，宋太祖虽然以"黄袍加身"闻名后世，但宋代大多数皇帝的御容画像，却都以"红色"的袍服示人，其原因正在于此。

"赤明和阳"与火德相应，故而武宗元在上清宫勾画赤明和阳天帝时，就故意把这位天帝画成了宋太宗的样子，宋人说武宗元的这幅画是在"潜写太宗御容"。

这幅"三十六天帝图"，是当时最有名的人物肖像画家武宗元所作。武宗元师法吴道子，得其精髓，《画鉴》上说他号称"宋代的吴道子"。《宣和画谱》收录了他所绘的《天尊像》《天帝释像》《朝元仙仗

---

①《宋史》卷104，第2542页。

②［宋］郭若虚：《图画见闻志》卷3，中华书局，1985年，第104页。

图》《真武像》《天王图》等多幅名画，不过多数已散佚，现今存世的只有《朝元仙仗图》一种而已。其画作主题大多是道教神仙人物，他笔下的人物，既严谨写实，又神采奕奕。这得益于他在追求人物真实性的同时，能够做到用笔如行云流水，以铁线、游丝般生动的线条，赋予了人物飘逸灵动之感。

道教神仙多以"帝王形象"出现，如武宗元传世名作《朝元仙仗图》中的"东华天帝君"（见图 8-3），其形象，宽袍博带、冠冕堂皇，雍容华贵之相，一见之下与世间帝王的形象别无二致。所以武宗元在创作时以宋太宗御容入画，在形式上并不需要特别的匠心独运，只需要在原图的基础上勾勒出太宗的脸形轮廓即可。

宋朝以儒立国，而儒家首重孝道，"孝思"是历代皇帝重点标榜的圣君品质。真宗在太宗的画像面前出神凝视，摆出供案当场祭拜的行为，的确能够感动不少人。宋仁宗时的宰相张士逊，当时可能只是一个随驾的中下层官员，他在后来想起这事儿时，还曾赋诗感怀，以"曾此焚香动圣容"的诗句来描写真宗的这段奇遇和孝思。

诗中的"圣容"可谓一语双关，当画家笔下太宗的"圣容"感动真宗的瞬间，在真宗的脸上（圣容）必定能泛露出被感动的神情。

睹像思人，以显孝思，是当时常见的方式。其实早在咸平初年（998），刚刚即位的真宗就将太祖的画像赏赐给了堂侄赵惟吉，赵惟吉获得太祖的画像后，"岁时奠享，哀慕甚至"[①]。赵惟吉的父亲赵德昭，是太祖的次子，太宗即位之后，赵德昭二十六岁，拜京兆尹、永兴军节度使兼侍中，封武功郡王，成为当时赵宋皇室中仅次于太宗本人的

---

①《宋史》卷 244《赵惟吉传》，第 8679 页。

图 8-3　武宗元《朝元仙仗图》局部

"大佬级"人物,在军民之中有很高的威望。

太平兴国四年(979)高梁河惨败后,由于太宗跑得太快,一度脱离北征大军主力,军中将士因"不知上所在",一度产生了拥立赵德昭为帝的想法,这些议论无疑置太宗于极为难堪的境地,自以为天命攸归,其实却并非不可替代,特别是有一个成年的侄儿可以随时候补自己的位置,由此引起太宗前所未有的忌恨。从太宗即位之初对赵德昭的安排来看,此前他对这个侄儿的确视如己出,虽然未必打算按"金匮之盟"的说法来个皇帝轮流做,但保证侄儿们一生的荣华富贵,还是不成问题的。

但此后叔侄之间的关系就急转直下了,最戏剧性的一幕发生在班师回朝之后，太宗因幽州之役的失败而迁怒于将士，迟迟不肯行此次北征之赏。其实攻下太原，灭北汉，对一般将士来说，已是不世之功，按例当有重赏。这次北伐，有胜有败，功是功，过是过，结果太宗却把幽州和太原的功过，混在一起，拒绝行赏太原之功，以致将士们都有些寒心。

这时赵德昭站出来为将士们打抱不平，提议奖赏太原之功，结果引得太宗大发脾气，太宗恶狠狠地对赵德昭说"待汝自为之，赏未晚也！"——"等你当了皇帝，再来行赏也不晚"，这话从太宗嘴里说出来，简直就是杀人诛心了。赵德昭听完这话之后，一下子气不过，就跑回家自己抹了脖子。事后，太宗当然装模作样了一番，抱着侄儿的尸体大哭道："痴儿何至于此邪！"[1]赵德昭的悲剧收场，太宗难辞其咎，不过他死后，他的儿子们大多得到了太宗和真宗的照顾。

赵惟吉是赵德昭几个儿子中最被看好的一个。《宋史》记载，赵惟吉刚一出生，才几个月大的时候，就被太祖接到宫中收养，有时候赵惟吉半夜哭闹，太祖还亲自起床抱着他哄他入睡。三岁的时候，太祖就为他打造了专供儿童使用的弓箭，训练他射箭的本领，他也有武艺的天赋，往往十发八中。五岁起，开始读书诵诗，太祖经常把他带在身边。看起来大有把他当成"接班人"来培养的意思。

其父赵德昭死后，太宗对赵惟吉也青睐有加，不但将"东宫"赐给赵惟吉居住，还不断给他加官晋爵。至太宗晚年，累官至阆州观察使、安定郡公，吃的穿的，都给的是亲王的待遇，太祖孙子辈的人，只有他能享受到这种待遇。本来按照礼制，赵惟吉并没有收藏太祖画

---

① 《宋史》卷244《赵德昭传》，第8676页。

像的资格,因为太祖虽是他的祖父,但此时赵宋皇室的大统已发生转移,赵惟吉身为"小宗"的地位,并无家祭"大宗"的权力,但考虑到赵惟吉从小与太祖的亲密关系,真宗即位后,把太祖的画像赐给赵惟吉的举动,向天下人表达了赵惟吉在赵宋皇室中的不凡地位。

其实,宋人为了"讨好"皇帝,负责"创作"神像时恐怕是经常把当朝皇帝的相貌拿来当"模特"使用。真宗与寿星的故事,并非特例。如南宋有名的道观"佑圣观"中供奉的主神"佑神真武灵应真君",据说"肖上御容",即跟宋孝宗长得很像。原来佑圣观本来就是宋孝宗的旧居,观中的墙壁上还有孝宗少年时题写的励志诗:"富贵必从勤苦得,男儿须读五车书。"①显示出宋孝宗从小就有用功读书的觉悟。

宋孝宗能够当上皇帝,真是靠刻苦努力拼来的。南宋的皇位本来跟他一点关系也没有,他只不过是宋太祖的第四子赵德芳的六世孙,赵德芳就是民间故事杨家将、包青天中手持金锏,上打昏君、下打奸臣的"八贤王"的另一个原型(还有一个原型是前面提到过的真宗的弟弟赵元俨)。可惜真实的历史里,赵德芳只活了23岁,一生平淡得除了官爵履历以外,毫无故事可讲。

虽然失去了皇位,但太祖的子孙在北宋一直还是很受照顾的。

赵德芳有三个儿子,赵惟叙、赵惟宪、赵惟能,其嫡系子孙,最初几代一直世袭"安国公",到宋神宗时,君臣上下想到天下是太祖打下来的,可太祖的子孙却与坐享江山无缘,于是决定从太祖子孙中选一人"裂土而王之",最后选中了赵德芳之孙赵从式,封为"安定郡王"。

---

① 《建炎以来朝野杂记》卷2,第80页。

不过，赵德芳的子孙众多，非嫡系的旁支子孙，经过几代之后，大多已经是普通宗室的待遇。到北宋末年、南宋初年，作为旁系远支宗室，宋孝宗一家已经跟普通士人无异，其父赵子偁，出自二房赵惟宪一脉，因考试合格，出任嘉兴县丞，只不过是个"副县级"的小官。①

建炎四年（1130），高宗逃难到绍兴，上虞县丞娄寅亮上书高宗，将当时民间同情太祖一系子孙的舆论公然爆了出来，当时的人普遍认为，宋太祖将皇位传给宋太宗，立弟不立子，是出于为了天下的大公之心。现在太祖的子孙，大多默默无闻，跟普通老百姓差不多，太祖在天之灵，恐怕也不想保佑大宋天下了，所以现在二圣（徽宗、钦宗）回不来，金人要南下，中原不安宁，希望高宗从太祖子孙中选择有贤德之人作为后备的皇位继承人，"庶几上慰在天之灵，下系人心之望"②。

此事对处于逆境中的高宗触动颇大，绍兴二年（1132），高宗从太祖子孙中海选了十人入宫，最后选择了孝宗（原名赵伯琮），和另一位宗室子弟赵伯浩。不久赵伯浩出局，绍兴四年（1134）又收养了赵伯玖，改名赵璩，也是赵德芳的后人，但与孝宗亲缘关系已是相当疏远了，他出自三房赵惟能一脉。赵璩后来封恩平郡王，死后追封信王。因此其实直到绍兴三十一年（1161）高宗传位于孝宗之前，孝宗并不是高宗的唯一选择。

这期间，孝宗用了差不多三十年的时间好好表现，才获得高宗的最终肯定，得以登上皇位。这些考验的戏目里，最经典的开场戏码就

---

①《宋史》卷 244《宗室一》，第 8685—8687 页。

②《宋史》卷 399《娄寅亮传》，第 12132 页。

是:小时候孝宗与赵伯浩同时觐见高宗,这时正好有一只猫从二人面前跑过,赵伯浩伸腿就去踢了一下猫,而孝宗却端正站立,于是高宗觉得赵伯浩天性轻佻,恐怕不能承担重任,因此被送出宫外。

此后,孝宗与赵璩也竞争多年,最"狗血"剧情是,高宗送了十名宫女给二人,一个月后,高宗把宫女召回宫中问话,发现赵璩对这些宫女"无不昵之",而孝宗则很规矩,对这些宫女礼敬有加。不过这些故事,皆出自"野史",未必全是真的,但至少反映了孝宗在当皇帝前种种不那么容易的辛苦努力。传世的孝宗御容画像中(见图8-4),孝宗的面相端重,眼神沉稳,十分贴合这些故事里反映出来的气质。

宋高宗一伙坚持投降主义的和平,大家都把希望寄托在了宋孝宗身上,事实上,孝宗即位以后,也一改高宗屈膝投降的政策,一度积极主战,试图收复中原。隆兴北伐失败后,虽然不得不与金朝再订和议,但态度比较强硬,坚定地废止了向金朝称臣的协议,改为以"叔侄"相称,同时积极备战,为岳飞平反,推高南宋军民的抗战意志。尽管终其一生,他也没有实现恢复中原的计划,但他始终没放弃这个毕生的梦想。

这时宋人把真武神的相貌制作得酷似孝宗,事实上是大有深意的。宋代真武神的标准像,据南宋人赵彦卫在《云麓漫钞》中的描述,是身穿黑衣,披头散发,手持宝剑,脚踏龟蛇。看上去跟讲究端重气象的帝王姿态似不相合,为什么时人会把真武神与宋孝宗联系起来,而孝宗又乐于接受呢?真武神的信仰在宋代以前,其实并不怎么流行。所谓"真武",本是二十八宿中代表北方七宿的"玄武",宋代因避讳而改称"真武",并在因缘际会之下,在官方的祭礼和民间的崇拜活动中地位逐渐提升。

图 8-4 宋孝宗坐像 台北故宫博物院藏

据说，宋真宗天禧元年（1017），在京城驻防的禁军"拱圣营"有士兵在营房中看到地上突然有"龟蛇"冒出来，搞得人心惶惶，士兵们自发修建了一所"真武堂"来祈求神灵保佑。

之所以会修建一所真武堂，是因为在四灵信仰中，代表北方玄武的正是龟蛇。想不到的是，第二年，真武堂旁边居然有泉水自动涌出，据说这泉水还有治病的功效，老百姓纷纷跑来打泉水回去治病，于是朝廷决定在这里修建一座道观，赐名"祥源观"，并将真武神加封为"真武灵应真君"。祥源观在仁宗时被焚毁，重建之后，改名醴泉观，成为北宋时代真武信仰的开端。可以说，真武即龟蛇玄武，本质上就是北方的守护神，而整个宋代，最大的威胁都来自北方，北方边境也是宋朝的重点防守对象，崇拜真武，也是希望能够得到神灵护佑，保护北方边疆的安稳。

孝宗即位之初，来自金朝的军事压力仍然很大。乾道元年（1165），陕西方面的金军集结部队进攻盐官镇，打算突破盐官镇后，长驱南下，攻入四川。

盐官镇的战斗非常激烈，镇上的房子差不多都被烧光了。在千钧一发之际，士兵们突然见到在灰烬之中有一幅真武像，画像中的真武神巍然而坐，虽经烟火熏烤，竟然颜色不变，焕然如新，画中真武神的披发也熠熠生辉，脚下的龟蛇也完好无损。大家都认为这是真武神显灵，结果金军在盐官镇果然吃了一个大败仗，宋军最终守住了川陕防线，于是人们都认为这是真武神护佑的结果。战后，镇上的人出资重修了真武殿，并把这次显灵的故事记录了下来，流传后世。[①]

---

① [宋]米居纯:《盐官镇重修真武殿记》，收录在《道家金石略》，第363—364页。

图 8-5　佑圣真武像　永乐宫壁画

　　真武神可以帮助宋军打败金军，而真武神又跟宋孝宗长得很像，暗示孝宗以化身真武神的方式亲临一线，克敌制胜。一方面可以极大地鼓舞宋军的士气，另一方面又可以极大地提升孝宗在军中的威望，可谓一举两得。宋元时期真武神的图像甚多，近来考古发现就有不少，但精品还属元代永乐宫壁画里的佑圣真君像（见图 8-5），画中的真武神披散头发，手拿宝剑，脸形宽大饱满，与传世的脸型宽宏圆润的"孝宗御容坐像"（见图 8-4）确有几分神似。

　　宋金对峙百年中，基本上一直是金强宋弱，但笑到最后的却是宋朝，金朝最终在 1234 年被蒙、宋联军灭亡。这大概进一步强化了宋人认为自己深得神灵护佑的执念，当面对新的对手蒙古人时，宋人仍然希望真武神作为宋朝北部边疆的守护神继续发挥作用。

　　淳祐六年（1246），在遭到蒙古大军一连串的打击之后，宋理宗亲自为真武神的一幅画像写了一篇赞辞："于赫真武，启圣均阳。克相炎宋，宠绥四方。累朝钦奉，显号徽章。其右我宋社，万亿无疆。"①这篇赞辞宣扬了真武神护佑大宋，得到宋朝历代皇帝的尊奉。据道教史书记载，真武神从宋真宗起，不断被宋代皇帝加赐封号，宋代神灵的地位，是"字"越多，地位越高，于是从"真武灵应真君"到"佑圣真武灵应真君"，再到"佑圣助顺真武灵应真君""北极佑圣助顺真武灵应福德真君"，最后一次加封，正是宋理宗的时候，真武神获得了夸张的"北极佑圣助顺真武福德衍庆仁济正烈真君"的十六字封号。

　　宋理宗是极其真诚地希望真武神能够继续眷顾宋室，可惜的是这次面对蒙古，真武神就不灵了，宋理宗写下"万亿无疆"的三十年后，宋朝就迎来了彻底的亡国之祸。

---

　　① ［宋］宋理宗:《御制真武像赞》，收录在《道家金石略》，第409页。

第九章

最后的角色扮演

如朕亲临

宋真宗与南极寿星的联系，是以皇帝扮作神仙；而宋孝宗与真武神的故事，又是以神仙扮作皇帝。但事实上，无论是把皇帝变成神仙，还是把神仙变成皇帝，都无助于宋朝最终灭亡的命运。

可是自从真宗在南极寿星的脸上开了头，赵宋皇室子孙就不但后继有人，而且前仆后继。特别是南宋后期开创了一个新的玩法，就是皇帝与宫廷画家联手，开发了一个可以称之为"一起来画里找皇帝"的游戏，打造了大宋宫廷最后几代皇帝都为之着迷的角色扮演风潮。梁楷是南宋中后期最有名的人物画大家，无论是体裁、技法还是创意，他都为中国人物画开创了一个新风尚。

梁楷一反流行了唐宋两代数百年的精雕细作的院体白描人像，而是以极具创意的"减笔"，搭配妙趣横生的笔墨，勾画出一个生动洗练、浑然天成的人物。他所画的人物，笔调极为简洁，但人物的造型和神采，却又非常立体和繁复，世人所熟知的梁楷人物画，以《李白行吟图》和《泼墨仙人图》最为知名，都是此类"减笔"人像的代表作。这样的画风与他平日"嗜酒自乐"，不愿被世俗礼法所束缚，号曰"梁疯子"的作派可谓"绝配"。

"画史"记载，梁楷早年，也就是宋宁宗嘉泰年间（1201—1204）

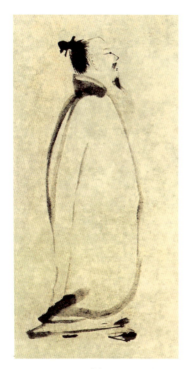

图9-1　梁楷　《李白行吟图》
日本东京国立博物馆藏

图9-2　梁楷　《泼墨仙人图》
台北故宫博物馆藏

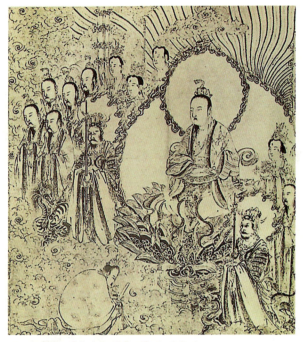

图9-3 梁楷 《黄庭经神像图》 主神部分　上海博物馆藏

曾任"画院待诏"，供职于宫中，专替皇帝画画。

据说宁宗非常喜欢他的画，曾以"金带"赏赐给他，但他却不肯领赏，将宁宗赏给他的金带挂在画院里而不带走。这个故事多少反映了他在绘画上追求个性、率性而为的特点，敢于打破世俗审美的窠臼。不过令人好奇的是，宁宗为什么会那么喜欢他的画？现在存世的梁楷早期绘画有一幅当时宫廷画中最常见的"神仙图"，名为《黄庭经神像图》。在这幅画中，梁楷笔下的人物，完全是另外一番形态，画家用劲健的线条，干净利落的笔调，呈现出极其细致和严谨的人物肖像特征。

像类似的"神像"画，宋代的宫廷画像常常会在神像的面容上动些手脚，如真宗年间负责画南极寿星的画家以真宗的相貌替换寿星的容颜一样，以当朝皇帝的长相入画，应该是大部分宫廷画家司空见惯的讨好皇帝的手段。有学者比较这幅画的主神的相貌，发现他的脸形和神采酷似传世的宁宗画像中皇帝本人年轻时的样子。

宁宗生于乾道四年（1168），死于嘉定十七年（1224），享寿五十六岁，传世的"宋宁宗坐像"中，宁宗的面容稍显老态，面部肌肉明显因为"消瘦"而略有些萎缩，大致可以断定画中的宁宗，正当晚年的状态。而《黄庭经神像图》中主神的相貌，在脸形、眼神，特别是那犹如"鹰喙"的鼻梁，与传世的宋宁宗坐像图中的宁宗极为相似，唯一的差别就是后者更显年轻（见图9-4）。毫无疑问，这位主神的尊容就是以宁宗为"模特"绘制的。这也可以解释为什么宁宗特别喜欢梁楷的画，甚至一度打算把金带赏赐给他。

宋宁宗坐像 脸部特写
台北故宫博物院藏

《黄庭经神像图》 主神脸部特写

图9-4　《黄庭经神像图》的主神与宋宁宗相貌的对比

　　而且可以与之相印证的是,梁楷供职于宫廷画院的嘉泰年间(1201—1204),宁宗约三十多岁,正是宁宗还比较年轻的时候。

　　学者们甚至怀疑,早年的梁楷笔下,模特儿"宁宗"无处不在。如梁楷的另一幅名画《吕洞宾过洞庭》,画中的吕洞宾一幅世外高人的飘逸洒脱,似乎与庄严肃穆的皇帝形象不怎么沾边。不过细看之下,却颇值玩味。

　　虽然这幅画中的吕洞宾侧脸的方向与宋宁宗坐像和黄庭经神像图的主神像相反,但脸形轮廓和面部特征仍然与两幅画像中的宁宗酷似。吕洞宾是唐末五代以来新生的神仙,到宋代已经圈粉无数,他虽然是道教中的人物,却又常穿儒服,在许多画里都是以儒生的形象示人,在道士中最像士大夫。他的日常修行"闭门清昼读书罢,扫地焚香到日晡",正是士人梦想的神仙生活。吕洞宾的格调高绝,自然也就成了宋代士大夫的最高领导——大宋皇帝幻想的对象。

　　另一方面,宁宗在史书里常被形容为看起来不太聪明的样子,可吕洞宾虽像书生,却不是那种百无一用的书生。他由儒入道,习得许多精妙绝伦的法术,且剑法通神,能飞剑取人头,又能以咒术道法化人之难、救人之急,除了端坐不言当皇帝之外,什么事儿也做不了的宁宗,大概也很羡慕他的超能力吧。而深受权臣政治之害的宁宗,恰恰是一个没有能力的好皇帝。

　　此外,吕洞宾也非常适合用来玩角色扮演,因为他从儒生而道士,又从道士成神仙,时而凡夫书生,时而方外道士,时而神仙天人,时而飞剑侠客,可称得上是角色扮演界的鼻祖了。

　　梁楷之后,南宋宫廷最杰出的画师是马远,他以山水画的高超技艺著称于世,但他其实也颇为擅长人物画。传世名画《乘龙图》就是

图9-5　《吕洞宾过洞庭》局部
美国波士顿艺术博物馆藏

马远的大手笔。《乘龙图》的题材，明显与"皇帝"有关，而马远正是宁宗晚年的御用画师，这幅画应该是宁宗驾崩后，以宁宗为模特绘制的，喻意宁宗乘龙上仙。我们可以对比一下，传世的"宋宁宗坐像"与马远笔下"乘龙人"的相貌，可以看出两者的确颇为肖似。只是前者笔法工整，而后者用笔更为写意，但就算没有精致的线条，宁宗标志性的"鹰喙"鼻仍然非常醒目。

　　宁宗的鹰喙鼻，大概就是为标识古人所谓的帝王必备相貌特征——"龙颜隆准"（见图9-6）。宋人笔记《四朝闻见录》也记载，宁宗的长相,"龙颜隆准,相者谓'真老龙形'。"考虑到这幅画的创作背景,画中的宁宗正是"老年",故而人物的年纪看上去也比之前梁楷笔下的宁宗更显老一些。

宁宗生前,马远也常常为皇帝画一些颇具闲情逸致的"生活照",最有名的就是两人合作的《山径春行图》(见图9-7),画中的一位扮相雅致的高士,闲步于花草树木之间,伴随的是幽鸟出林、柳枝飘动的闲雅之趣。画中人物身形清瘦,右手轻拂胡须,若有所思地在吟诵着什么。而随着他的眼光看去,即可见到宁宗御笔亲题的诗句——"触袖野花多自舞,避人幽鸟不成啼",这句诗正是整幅画构图的画意所在。画上宁宗的题诗,似乎是在暗示,这位"高士"正是宁宗本人。

虽然在画面中他背对着我们侧身而立,相貌不易看得分明,但他的脸形和身材却与传世的宁宗画像绝似。可以肯定,这幅画的绘制,

宋宁宗坐像 脸部特写
台北故宫博物院藏

《乘龙图》局部 台北故宫博物馆藏

图9-6 《乘龙图》中的人物与宋宁宗相貌的对比

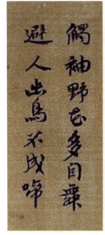

图9-7　《山径春行图》及宁宗的题诗　台北故宫博物院藏

也是作为宫廷画师的马远，在满足宁宗Cosplay文人雅士徜徉于山间的小心愿。

　　事实上，对普通人而言，到大自然中去感受鸟鸣山幽的景致，触景生情，吟诗作赋，确为一件赏心乐事。可是对于身为皇帝的宁宗而言，出宫游玩毕竟是非常难得之事。宋人笔记《鹤林玉露》中记载，宁宗有一次出宫游览"聚景园"，待到回宫之时，都城之人听闻皇帝在此，争相前来想要一睹圣容，结果老百姓拥挤在一起，不少人竟因为拥挤推撞，互相踩踏而死。宁宗知道后非常后悔，决定以后都不再出去"游园"了，这样一来，亲近大自然的欢乐，就只有在画里才能实现了。

　　宁宗被时人认为"不慧"，虽然在位长达三十年，却几乎没有一天亲理政事，前期朝政皆由韩侂胄把持，后期的军国大事则由史弥远一手遮天。而内廷中事，也多由皇后杨氏主持。但他却是一个颇有赤子

图9-8　《山径春行图》的人物与宋宁宗的形象对比

之心的人,宋人笔记《四朝闻见录》还记载了一个故事,说嘉泰元年
(1201),当时有个叫张巨济的小官,给宁宗上书说:"慈懿皇太后的下
葬之地,现在就在湖曲,如果陛下去祭拜巡视,则负责接待的部门不
免安排鼓吹奏乐,但这么做难道符合古人所谓的履霜露之义吗!"

　　古人常以霜降时节代指对亲人的怀念,《礼记》有言:"霜露既降,
君子履之,必有悽怆之心,非其寒之谓也。"宁宗看了张巨济的奏疏
后,非但没有生气,反而觉得自己出趟门的确很扰民,认为张巨济讲
得非常对,给他加官一级,从此再不轻易出宫为亡母扫墓,宋人感慨
"由此湖山遂无清跸之声",宁宗当然也就此失去了山水之乐。

　　马远的儿子马麟,也是替皇帝搞"角色扮演"的大家。马远主要

为宁宗提供这种服务，而马麟的服务对象则是宁宗的继任者理宗。马麟有一幅绘画史上并不怎么起眼的山水人物画《静听松风图》，画的是一位高雅之士，半露着胸口，非常闲适地倚坐在两棵高大的松树之间，专意凝神地听着松间似有若无的风声。此类高士"坐听松风"的题材，在中国古代的绘画史上实属稀松平常，这幅画的构图、技法都比较简单，意境也平平无奇，实在不算特别出彩。但这幅画的特别之处在于，谛听松风的人并不普通。

《静听松风图》的左上角，竖写着一行小字"静听松风"，下钤"御书"大印一枚，这四个小字虽然写得有些拘束，但其笔法却有些"二王"的影子。理宗号称在书法上师法高宗，他的字刻意模仿高宗，而高宗就是二王的"铁粉"。加上旁边的"御书"印，可以肯定，这几

马麟《静听松风图》局部　台北故宫博物院藏

图9-9　《静听松风图》的人物及理宗的小字题签

个字出自理宗的亲笔。而题签下钤盖的"丙午"纪年印章,可以确定这幅画完成的时间最晚应在淳祐六年(1246)这个丙午年。此时理宗四十岁左右,与画中人物的年纪正好相当。

理宗在画上御笔题签,显然是在暗示这幅画是他给马麟的命题作文,则画中人为理宗本人无疑。此外,对比一下台北故宫收藏的理宗的传世御容画像,也可以肯定,这位静听松风的高士就是皇帝本人,只是传世御容画像中的理宗年纪更大一些,由于是"标准像",又显得更庄严一些,但两者共同的只有皇帝才配拥有的蜂目、隆准,则是一样的。

那么问题来了,理宗为什么会给马麟一个"听松"为主题的命题作文,并且让他把自己打扮成一个隐居世外的高人,然后再画到画里呢?

"静听松风"中理宗的打扮,明显是在模仿陶渊明,他所戴的漉酒巾帽,是古代画像中陶渊明经常穿戴的款式。陶渊明是古代隐士高人

图9-10 《静听松风图》人物相貌与宋理宗的对比

的代表，难道理宗身为皇帝，竟然有"隐居避世"的奇怪想法吗？理宗好不容易才当上皇帝，当然不会真的梦想当个隐士了此余生。陶渊明在宋代虽然也被认为是隐士，但更多的时候，人们说起他，想到的是不为世俗名利所累的高人形象，理学大师朱熹曾经感慨，"晋宋间人物，虽曰尚清高，然个个要官职。这边一面清谈，那边一面招权纳货，渊明却真个是能不要，此其所以高于晋宋人也。"①

理宗亲题的"静听松风"四字，也直接点明了淡泊名利的主题。号称宋代理学开山祖师的周敦颐的诗也是表达的这个意思，"闻有山岩即去寻，亦跻云外入松阴。虽然未是洞中镜，且异人间名利心。"②画中的理宗，闲坐在两棵高大的松树之下，正与"松阴"的意象相符，而他这么做，无非是想表达自己不是一个追求"人间名利心"的人。

理宗的人生经历，就算在皇帝中，也算是曲折离奇的。

理宗的出身非常普通，跟自称中山靖王之后，实则就是卖草鞋的刘备一样。理宗是太祖的十世孙，出自赵德昭一脉，传到他父亲这一代，已经跟普通人家无异，而且他的父亲死得早，他从小跟母亲寄居在舅舅家，过着寄人篱下的生活。他能当上皇帝，纯粹是权臣史弥远操纵的结果。宁宗晚年无子，收养宗室赵竑，并明确为"皇子"，史弥远专权多年，担心赵竑一旦当上皇帝，自己不但权力不保，甚至会遭到新皇帝的清算，于是暗中策划废掉赵竑，换上自己人当皇帝。

理宗在宁宗生前，即使在史弥远的努力下，也一直只是宁宗的堂兄弟沂王赵抦的嗣子身份。但在嘉定十七年（1224）闰八月初三日，

---

① ［宋］黎靖德编，王星贤点校：《朱子语类》卷34，中华书局，1986年，第1145页。

② ［宋］周敦颐著，陈克明点校：《周敦颐集》卷3《同友人游罗岩》，中华书局，1990年，第68页。

宁宗死的当天,在史弥远的操纵下,拥有"皇子"名分的赵竑没能即位,反倒是只有"皇侄"身份的理宗,成了新皇帝。

与皇位失之交臂的赵竑,被封为济王,安置在湖州。按照当时人的宗法观念,赵竑才是最有资格继承宁宗皇位的人,理宗的上位,完全是权臣史弥远的阴谋。史弥远从宁宗时就专权擅政已近二十年,对内鱼肉百姓;对外屈膝投降,老百姓早已怨声载道。

理宗即位不到半年,宝庆元年(1225)正月初九,湖州的太学生潘壬、潘丙兄弟,纠合一些太湖渔民和湖州巡尉兵起兵造反,并以拥立赵竑为名,强行把黄袍套在赵竑身上。赵竑虽然被理宗抢去了皇位,又被史弥远一伙打压,但毕竟是做过"皇子"的人,当然会站在统治阶级的立场,看不起这帮"反贼"的。从一开始他就不愿跟这帮"拥立者"合作,并且也深知靠这帮"愚民",当然不可能成事,反倒会牵连自己,于是假意答应,反手就带着湖州的州兵将这帮乌合之众给镇压了。

可事情了结之后,理宗和史弥远却厚颜无耻地借机逼迫赵竑自杀,史弥远更是对理宗讲赵竑"逆节著明,负先帝教育之恩,忘陛下友爱之至德,参之公论,揆之国法,死有余罪"。理宗也认可史弥远的说法,在赵竑死后,并没有表现出对这位挂名的兄弟起码的友爱之情,反而下诏削去他的王爵,追贬他为巴陵县公。

赵竑的悲惨下场,当时稍有良知的大臣都无不痛心疾首。

赵竑被害当年,就有新科进士邓若水上书说:"宁宗皇帝晏驾,济王当继大位者也,废黜不闻于先帝,过失不闻于天下。史弥远不利其立,夜矫先帝之命,弃逐济王,并杀皇孙而奉迎陛下,曾未半年,济王竟不幸死于湖州,揆于《春秋》之法,非弑乎!非篡乎!非攘夺乎!"①其中篡权夺位的指责,虽然骂的是史弥远,但矛头也直指理宗本人。

济王的悲剧收场,成了理宗挥之不去的人生污点。

理宗以推崇理学著称,召用了不少理学大臣,标榜自己要效仿古代的圣王,但理学家度正就直接以"推行圣学当自正家始"把理宗怼得哑口无言。另一位理学名臣真德秀也为赵竑打抱不平,理宗辩解说,"朝廷待济王亦至矣",胡扯自己对赵竑已经很好了,是赵竑自己不争气。真德秀对理宗这样的敷衍之辞,明确表示反对,他说:"若谓此事处置尽善,臣未敢以为然。"

终理宗一朝,理宗与大臣在这个问题上,反复争辩多年,始终不能让大臣们满意。赵竑的悲剧命运,也成为理宗无法成为一个受万民拥戴的好皇帝的原罪。理宗得位不正,又不顾兄弟之情,严重破坏了当时的人对好皇帝的基本道德期待。知道理宗和他的挂名兄弟之间的纠葛,就可以明白,他扮演静听松风的高士,不过是为了向世人表明心迹:他无心抢夺皇位,当上皇帝,并非他强求得来,他的皇位以及赵竑的悲剧,这一切不过都是天意。

无独有偶,大约在同一时期,马麟还有一幅传世的人物画《夏禹王立像》,画中的大禹,无论是脸形五官还是身形神态,都与《静听松风图》中的主角人物的面相模样仿佛,显然是同一个人。

除此之外,在与《夏禹王立像》同属一套"组画",除夏禹以外,还有尧、汤和周武王的像,其中除周武王是一个不太看得清脸的侧背像以外,尧和汤都是正面平视,五官相貌可以看得非常清楚。有意思

---

① 《宋史》卷455《邓若水传》,第13379页。

的是，这些古代圣王的相貌几乎都是大同小异的，显然与《静听松风图》中的那位"模特"的相貌十分接近，可以看得出来，马麟是以这位模特为原型，稍加变化而创作出了不同的圣王形象，以至于给观众的感觉是这些圣王，只是同一个人换着不同的衣服轮番上阵。

"尧舜禹汤"是古代帝王最梦寐以求的圣王代表，显然，只有作为当朝皇帝的理宗，才有资格成为他们相貌的原形，而理宗也在画里，

马麟《夏禹王立像》 台北故宫博物院藏

图9-11 《夏禹王立像》与《静听松风图》中人物相貌的对比

图9-12 马麟所画"尧""汤"的相貌与《静听松风图》中人物相貌的对比

把历代圣王都扮演了一遍。史书上记载，理宗"资貌庞厚"[1]，大约意指其脸型方正、姿态端重，的确很适合扮演正面角色。时人更认为，理宗的"理"字，可以拆开成"四十一"和"王"，理宗恰好在位四十一年，正是"四十一年王者之象"，理宗成为圣王的化身，早已冥冥之中，自有天意。[2]

事实上，现存台北故宫的这一组尧、禹、汤、周武四王像，是一组画，因为每幅画上都有赞辞，如尧的画上所题为"大哉帝尧，盛德巍巍。垂应而治，光被华夷。圣神文武，四岳是咨。揖逊之典，万世仰之。"这行小字应该也是理宗的亲笔。理宗的小楷写得很有水准，且与高宗的字颇为神似，把画上的题字与高宗御书石经上的书法一对比，这种犹如一个模子刻出来的一脉相承，简直一眼可知。

据说早年为了给理宗制造真命天子的舆论，史弥远曾花重金购得

---

① ［元］佚名撰、王瑞来笺证：《宋季三朝政要笺证》卷3，中华书局，2010年，第315页。

② ［宋］周密：《齐东野语》卷16。

高宗的书法真迹，让理宗临摹学习，由此让世人大为惊叹。高宗的小楷，师法"二王"，但又更为温润，结字更为舒展，多了几分丰腴之美，雍容大气，跟他皇帝的身份可谓绝配。高宗的书法因此在南宋皇室中自成家法，字写得像高宗，才是合格的皇位继承人。

这则赞辞正是出自理宗亲自撰写的《道统十三赞》，其他三幅画上题写的赞辞也是出自理宗的《道统十三赞》，所以这组画应该叫"道统十三赞像"，有的绘画史上把这套组画叫做十二帝王像，是不对的。因为这套组画不是为了描绘古代帝王的形象，而是为了彰显儒家道统中圣人的风采，而且这十三位圣人，大部分并非帝王，现在留下来的四幅刚好都是帝王，纯属巧合，只是因为其他几幅已经散佚了而已。理宗自幼接受理学教育，当皇帝后以推崇理学著名，他之所以叫"理宗"，也是因为这个原因。

绍定三年（1230），理宗亲自给伏羲、尧、舜、禹、汤、周文王、周武王、周公、孔子、颜子、曾子、子思、孟子这十三个理学家，即所谓的儒家道统的正宗传人各写了一篇赞辞，称为"道统十三赞"。淳祐元年（1241），理宗亲自视察了太学，并将自己所写的《道统十三赞》赏赐给国子监。马麟的这套组画，应该也是这个时候奉命所绘，目的是配合理宗在各级学校宣扬理学的活动。明白了这层背景，就好理解为什么马麟会以理宗的相貌来绘制尧、禹、汤和周武王了。

如果说之前的宋代皇帝，多以"神仙"的形象出现在画中，是为了神化皇权以及满足帝王长生不老的成仙渴望的话，那么理宗的志向的确与他们大异其趣。

理宗早年在史弥远的安排下接受了当时在士大夫中刚刚开始流行的理学教育，当上皇帝，特别是亲政以后，大力提倡理学。理学体系

图9-13　理宗与高宗的书法对比

中，尧舜禹汤、文武周公，不是一般的帝王，而是集儒家教化之道与世俗治国之道于一身的道统传承人，理宗扮演道统中的圣王，是想把自己打扮成"君师合一"的哲人王。自古以来，当然其实也没那么古，但至少从汉代开始，中国人就形成了掌握王朝权力的"君"和负责教化的"师"，共同统治人间的政治权力秩序。那时的人们相信，孔子是素王，负责教化的事情，刘家人当皇帝，负责治国理政。

到了宋代，理学家们常常"妄想"以师道自居，教导皇帝如何当个好皇帝。

理宗可以说是第一个在理学氛围特别浓厚的时代成长起来的皇帝，理宗本人对理学家的那套说辞极为娴熟，他在召见大臣时，常常说的都是很漂亮的话，如曾自称"恭者不侮人，俭者不夺人。朕平日力行此二者"。这不是简单的自夸，而是将理学崇尚"恭俭"的道理娓娓道来，顺便再凡尔赛一下。理宗并不想将"道理"的解释权拱手让给理学家，他既要做权力的化身，也要做道理的化身，既作之君，也作之师，所以他才去写《道统十三赞》。

在理学家看来，古往今来的众多杰出人物，能被儒家认可的屈指可数，而哪些人有资格承继道统，这是一个争论了上百年的学术问题，但理宗以皇帝之尊，亲自下场，给这个争论画上了句号。理宗的《道统十三赞》，一锤定音，钦定了理学道统的十三位传承人。现存的马麟为《道统十三赞》所绘的四幅图，无一例外的都是以理宗的相貌为原型绘制的，理宗不好意思把自己列在十三人之后，但通过画像，已向天下昭示了理宗就是当今道统传承人的"硬事实"——上古圣王都跟理宗长得一样！

不过，理宗的理学修为，明显不足以支撑他这君师合一的野心。

理学大臣常常直言不讳地揭他的短，宝祐二年（1254），大臣牟子才上疏，批评理宗，"讲学于今三十年"，对理学的道理说起来一套一套的，但实际上却是"学不足以明理，理不足以制欲"。也就是说一套，做一套，可见在大臣们看来，理宗与儒家所谓"圣王"的差距，何止霄壤！牟子才为什么会这么毫不客气地指责理宗呢？

原来上一年，即宝祐元年（1253）正月十五上元节的晚上，理宗在亲信太监董宋臣的唆摆之下，居然在宫中召妓——"上呼妓入禁中"，而且还不止一个，其中有一个叫"唐安安"的名妓，据说"歌舞绝伦"，理宗一时把持不住，就"爱幸之"了。此事很快就传到宫外，牟子才听说后气愤地上书理宗说："此皆董宋臣辈引诱陛下，坏陛下三十年自修之操。"

理宗听后也有点不好意思，就派奸臣丁大全去给牟子才递话说："你的忠言我是听得进去的，这事儿知道的人就到这个范围就行了，你写的'折子'千万不要搞什么副本哈，散布到外面去就不好了。"可牟子才也不是省油的灯，理宗让他不要做"副本"把这事儿宣扬出去，那就不做副本，反正搞"文宣"不一定要用文章嘛，画画也可以。于是他就画了一幅画，名叫《高力士脱靴图》，把理宗召妓这事儿形于图画，可想而知，传播效果显然更好。

有人看到后就制作了一幅"拓本"送给董宋臣，董宋臣看后气得半死，大怒道："嘴上说说就算了，还画这些'死模活样'出来是干什么！"立即跑去向理宗告状，说："牟某在当涂骂官家"——"牟某人公然唱衰皇上"。理宗的表现看起来也不太聪明的样子，他拿起画来看了看，居然笑着说："此骂汝，非骂我也。"简直把董宋臣"整不会了"，只得给理宗详细解释说："他这画是说陛下是唐明皇，阎妃为杨太真（即杨贵妃），臣为高力士，而他则以李太白自居！"理宗听后才笑不出来了。①

更绝的是，理宗不但擅长在画里玩"角色扮演"，也非常善于利用宋代既有的御容画像资源来做他政治表演的道具。

端平元年（1234）三月二日，理宗一个人在寝殿斋默闭关，晚上睡下之后，突然做了一个梦。梦到一个"真人"来到他的面前，这个真人"峨冠佩玉"，长得有点像传说中的太祖，面色黑中带黄，而相貌却极为方正。这个真人见到当朝皇帝不但毫不紧张，反倒气势十足，竟招手让理宗上殿，然后真人自己找了个主人家才坐的东席的位子西向而坐，接着又以"宾礼"招呼理宗在客人的位子西席东向而坐，并当面给理宗讲了许多提点他的话，不一会儿理宗就醒了。

理宗正在纳闷，是什么人敢跑到宫里面来以"主人"自居，巧的是，三天之后，有个宗室子弟赵善来拿着太祖的御容画像前来进献给

① ［明］田汝成：《西湖游览志余》卷2。

图 9-14 宋太祖坐像　台北故宫博物院藏

理宗，理宗展开画卷，看到太祖御容画像中的太祖相貌，"如梦中真
人，毫发无异"，惊喜得不得了，于是写下《纪梦昌陵古律二十韵》，
可惜的是诗已不存，让我们无缘得知理宗梦见太祖时的心情。①

　　宋太祖传世的御容画像最常见的是这幅"宋太祖坐像"（图 9-14），
画中的宋太祖头戴方形硬胎的展翅乌纱帽（展角幞头），身穿圆领大袖
宽衫，这是宋代早期皇帝常服的典型形制。太祖最有名的黄袍加身的
故事，在这幅画中也得到了触目可见的展现，由于年代久远，画中的
淡黄色衫袍有点褪色，有时会让人误会他穿的是白衣。画中太祖的相

---

① 汪圣铎点校：《宋史全文》卷 32《理宗二》，中华书局，2016 年，第 2698 页。

貌相当写实，方脸长须，浓眉细眼，看上去已是中老年人的光景。但事实上太祖三十出头就当上皇帝，死时也才不过五十岁，他在位期间，正是三、四十岁的中青年阶段，以现代人的经验来看，不应该这么老才对。

不过，古人喜欢蓄须，平均寿命又短，中年以后的相貌是不能和现代人相比的，古人的五十岁已属老年，四十多岁的人，看起来像"中老年人"确实是比较符合古人的实际情况。

事实上，传世画像中，太祖年轻的时候就已显老了。收藏于台北故宫的"宋太祖点检像"，画的是太祖未当皇帝前，还是后周的殿前都检点时的形象（见图9-15），画中太祖相貌特征与前揭"宋太祖坐像"一致，胡须稍短，但面部肌肉已有明显的褶皱感，看起来跟现在四、五十岁的人差不多，而实际上，太祖担任殿前都点检时也才刚刚三十出头而已。

虽然显老，但太祖的相貌还是英气逼人的，宋人的笔记里有很多关于太祖早年的故事，往往能够看到时人都被他骨相非凡的长相所慑服。太祖在从军前曾游历关中，在路过泾州的长武镇时，当地寺院中有个叫做"守严"的僧人发现他骨气非凡，有异于一般的凡夫俗子。于是暗中叫来画工，偷偷地在寺院的墙壁上给太祖画了一幅人像写真壁画。这幅画中的太祖，当然只是个"普通青年"，其打扮是"青巾褐裘"，但其气度却有"天人之相"。太祖当皇帝以后，寺中僧人又在原画的基础上，改换了太祖的衣装，给太祖换上了帝王冠服的新装。

守严的"眼光"在宋代也得到了回报，朝廷因为该寺有太祖御容而对该寺一直特别照顾。①

---

① [宋]邵伯温：《邵氏闻见录》卷1，中华书局，1983年，第1页。

图9-15 宋太祖点检像
台北故宫博物院藏

太祖当上皇帝后,对于自己画像的绘制也很上心。五代时期最擅长画人物画的画家是王霭,他特别"长于写貌",后晋开运四年(947)契丹大军攻破开封,灭亡后晋时,将王霭掠走,流落契丹十多年。宋太祖称帝后,与契丹交涉,王霭才得以回到中原。《图画闻见志》中记载,最早的宋太祖御容标准像就是他画的。宋太祖不但对自己的长相很关心,他也对"对手"的长相也很有兴趣。

据说王霭从契丹回朝后,立即被派往南唐。他此行是混在宋朝派往南唐的使团中的,在随使臣走访南唐君臣之际,他暗中将南唐的名臣宋齐丘①、韩熙载、林仁肇等人相貌画下来进呈给宋太祖,太祖对他

---

① 事实上,宋齐丘这时已经身故有年,王霭这时已不可能再给宋齐丘写真了,他呈进给太祖的宋齐丘画像,有可能是根据宋齐丘生前的画像摹画的。

画的这些对手的画像很是满意，提升他当了"翰林待诏"。[1]这三人都是南唐的重要人物，也是太祖心目中宋朝统一江南的最大障碍。所谓知己知彼，百战不殆，太祖对于南唐可谓费尽心机了。

观相识人是干大事的先决条件，太祖一即位，就想知道南唐重臣的相貌，也就是想从中得知对手的水平，也表明了他立志解决南唐问题的决心。

被暗中画像的三人中，宋齐丘最为"老奸巨猾"，为南唐的建立，谋划颇多，出任南唐宰相多年。但他晚年因结党擅权，引起南唐中主李璟的忌恨，被罢官后软禁于九华山，而且还不给他吃的，全家都被迫饿着肚子，眼见都要活活饿死了。有人给宋家的人讲，只有宋相公死了，你们全家才可以活命，于是他的家人用碎布堵住他的嘴，让其窒息而死。

宋齐丘死于显德六年（959）春，刚好在宋太祖当上皇帝前一年。可能是因为信息不通畅的原因，这事儿从江南传到中原比较晚，宋太祖即位后竟然不知道这个对手已经被对方的老大"自毁长城"了。

韩熙载在现代最为人所熟知的是，他是名画《韩熙载夜宴图》的主角，而这幅画的出现，恰恰是因为他自觉怀才不遇，纵情声色，而为舆论所不容。韩熙载虽然小有文采，其实对于南唐政权的存亡，并无多大影响。三人之中，真正对于宋朝的统一大业有威胁的是林仁肇。

南唐大将林仁肇英勇善战，最为太祖所忌，太祖在全面进攻南唐之前，曾设计除掉这个心腹大患，而林仁肇的画像在行反间计的过程中起到了临门一击的作用。林仁肇时任南唐的南都留守，率重兵镇守

① [宋]郭若虚：《图画见闻志》卷3，中华书局，1985年，第104页。

南昌。宋太祖暗中派人画下林仁肇的写真画像，等南唐的使者前来朝贡的时候，派人把林仁肇的画像悬挂起来，太祖带着南唐的使者一起赏画，故意问使者画中人是谁，使者脱口而出：这是林仁肇啊！太祖立即顺着使者的话说道："仁肇马上就会前来归降，所以先派人送来自己的画像作为信物。"又用手指着旁边空着的豪宅说："朕已将这幢房子赏赐给他了。"

南唐的使者果然中计，回国后就给李煜打了林仁肇的小报告，林仁肇就被李煜赐了毒酒，一命呜呼。林仁肇死后，太祖立即发兵南下，一举灭掉了南唐。[1]这个故事可谓一箭双雕，一方面表现出宋太祖的足智多谋，另一方面又勾画出了李煜的昏庸无能，活该亡国。太祖的英明神武，使后人想起来就精神振奋。难怪亲政后想要振作的理宗会梦见太祖了。

回过头来看，理宗在这个时候梦见太祖，绝非偶然，恐怕真是日有所思而夜有所梦。这时，与南宋对峙百余年的金国终于在蒙古铁骑的打击下，进入了亡国之境，就在上一年的十月，南宋江陵驻军大将孟珙、襄阳守将江海率领两万人马奉命北上，与蒙古军队一起围攻金国的最后据点——蔡州。蔡州之战打了两个多月，对金军来说，战况异常惨烈，而对南宋来说，却是百余年来最扬眉吐气的一次，对宋朝而言，靖康之耻的大仇，终于得报。

端平元年（1234）正月十日，蒙、宋联军攻破蔡州，金国正式灭亡。金国灭亡以后，下一步该怎么走，是摆在南宋君臣面前的头一件大事。攻破蔡州，金国亡国时，南宋与蒙古约定以陈州和蔡州一线为

---

[1] ［宋］毕沅编:《续资治通鉴》卷7,中华书局,1957年,第160—161页。

界，然后各自退兵，蒙古军队随即北撤，而南宋军队则在孟珙和江海的率领下，分别南归，各自回屯于襄阳和信阳等地。

联蒙灭金的成功，大大激发了理宗的雄心壮志。理宗的皇位本来就来路不正，当年史弥远窜改宁宗遗诏，废掉拥有"皇子"身份的赵竑，而扶持只是"皇侄"的理宗即位。史弥远死前，理宗形同傀儡，史弥远死后，理宗亲政，很想成就一番功业以证明自己。金国倾覆，中原地区处于暂时的权力真空，让理宗认为这是一个大好机会，在召见封疆大吏以及与侍讲官员闲谈之际，经常流露出趁机收复中原的意愿——"屡有中原好机会之叹"①。

灭金宋军班师之后，边境将帅，特别是主持两淮地区军政的赵葵、赵范、全子才等人，纷纷上书建议趁蒙古军队北返，河南空虚之际出兵一举收取中原。就在理宗梦见太祖的三月份，朝廷经过讨论后决定派遣官员前往洛阳，祭扫祖陵（即宣祖、太祖、太宗、真宗、仁宗、英宗、神宗、哲宗八帝的皇陵）。面对理宗建功立业的春秋大梦，许多有识之士纷纷上书劝阻，指出南宋财政困难、军备不振、将帅无能等种种现实，不宜轻举妄动。尽管包括参知政事兼知枢密院事乔行简、京湖制置使史嵩之在内的朝廷内外众多大臣的反对，理宗最终还是坚定地支持了以右相郑清之和两淮将帅为首的主战派的主张，决意出兵，恢复中原。

理宗在这时梦见太祖，显然是给自己和主战派大臣们打气用的。

六月十二日，全子才奉命率领淮西宋军万余人从庐州北上，由于金国覆亡，蒙军北撤，宋军所过皆是空城，在未打一仗的情况下，于

---

① [宋]吴泳：《鹤林集》卷19《论中原机会不可易言乞内修政事札子》

七月五日进驻已经沦陷超过一百年的故都开封。七月二十五日，淮东大军五万人在赵葵的带领下也进驻开封，并派部将徐敏子继续西进，于七月二十八日，进驻洛阳。看起来一切进展顺利。但蒙古军队很快就发现了宋军竟然企图占领中原，立即出兵洛阳，八月二日，驻守洛阳的宋军徐敏子部被蒙古军队包围，因为军粮不继，决定弃城突围，结果被蒙军追击，全军溃散，徐敏子非常狼狈地带领残部逃回了南宋控制下的光州（今河南潢川县）。

宋军收复中原，本就是想来"捡漏"的，根本没有做好打大仗、打硬仗的准备，粮草军资毫无安排，两路宋军进驻开封后就几乎处于"断粮"的状态。徐敏子部与蒙军遭遇时已断粮几日，根本不敢与蒙军正面交战，只得放弃洛阳突围，结果在突围时遭到蒙古军队的重创。洛阳之败的消息传到开封，当时城中尚有赵葵、全子才的两淮宋军五、六万人，可以说主力完整，但也断粮多日。当得知蒙古军队来了之后，发现捡漏不成，立即弃城南逃，看似轰轰烈烈的"端平入洛"，就此草草收场。不但使收复中原成了笑话，更是消耗了大批的后勤装备，折损了大量的精锐兵马，还落下了个公然破坏宋蒙之间早已约好的盟约的恶名，给接下来蒙古大举侵宋提供了一个绝佳的口实。

尾声

看脸时代来临

如朕亲临

当今是一个"看脸"的时代，也是一个"晒照"的时代。

互不相识的人，也可以通过各种社交平台知道别人长什么样子；知名人物的相貌，更是通过摄影、摄像技术在网络平台上广为流传，几乎到了无人不识的地步。而要说中国古代最重要的人物，莫过于历朝历代的皇帝们了，可惜我们的第一个皇帝秦始皇的长相，今人便不得而知。

网络上虽然流传着秦始皇的各种画像，基本上都是明清时代的臆想之作，离秦始皇的时代已经过了上千年，画中秦始皇的相貌皆是画师的"脑补"而已。这些画作中的秦始皇的模样与真实的秦始皇的长相之间，并无任何可靠的联系。此后两汉、三国、两晋、南北朝的八百多年中，皇帝无数，至今留下的画像也不少，但也皆属后人追摹。那么像宋代皇帝那样，由同时代的画家以写真的方式，绘制或塑制当朝皇帝形象的御容制作又是怎样产生的呢？

世传唐初阎立本①所绘《历代帝王图》可谓这一类型的帝王画像的集大成之作，这幅组图选择了从汉到隋的十三个皇帝，一一画下了他们的形貌体态。画家依靠高超的艺术造诣，再现了这些帝王的神采，并且通过历史上有关这些帝王人物特性的相关信息，创作了他们各自的相貌特点，不但在艺术上做到了栩栩如生，更是在"神似"这个意义上高度展现了艺术的真实。

《历代帝王图》中的"真实"，是"相由心生"的真实，画家依据人物的性情赋予人物的面部特征，而不是描绘每位皇帝的真实相貌。事实上阎立本生活在唐太宗和唐高宗在位时期，而《历代帝王图》创作于贞观年间，其中所绘的十三位皇帝，大部分他应该都没有机会得以一睹天颜。两汉时代的汉昭帝和汉光武帝、三国时代的曹丕、刘备、孙权，以及晋武帝距离唐初都有数百年之久，阎立本当然无缘得见。

此外，即便是南北朝晚期的陈文帝、陈废帝、陈宣帝、陈后主、北周武帝，以及隋朝的隋文帝和隋炀帝，到他作画的贞观年间，也已经离开历史舞台好几十年。阎立本的童年和青少年时代，正是隋文帝和隋炀帝统治时期，如果是普通人，自然也没有机会，更没有资格得以出入宫廷，亲见天子。好在阎立本并不是普通人，阎氏家族在北朝隋唐时代也算是关陇勋贵出身，他是可能通过一些间接的渠道获知某些皇帝的相貌的。阎立本与他所绘的北周武帝还有着相当密切的关系，

---

①《历代帝王图》为阎立本所绘的记载最早见于北宋名臣富弼于1060年的题跋，此后学界大多将此图归于阎立本的名下。但近代以来，也有学者提出不同意见，如认为此图是初唐画家郎余令，但证据相当不足，实不足以推翻旧说，故现在大多数学者仍然认为此图与阎立本关系是最可靠的。参见沈伟：《〈历代帝王图〉研究》，浙江大学出版社，2019年，第57—58页。

他的母亲正是北周武帝的女儿"清都公主"。

阎立本的祖父阎庆为代北镇将世家出身,骁勇善战,在北魏末年据有代北重镇盛乐郡,后率部投靠北周的创始人宇文泰。阎庆的姑母嫁给了北周前期的权臣宇文护,周武帝扳倒宇文护、亲掌大权后,为了安抚阎庆,遂将自己的女儿清都公主下嫁给了他的儿子阎毗,阎毗就是阎立本的父亲。①阎立本是有可能从父亲和母亲那里得到一些关于外祖父——北周武帝相貌特征的描述的。不过从现存《历代帝王图》的周武帝立像(见图10-1)的绘画特点来看,画家对其相貌的描写似乎仍是走的"相由心生"的路子。

画中周武帝的面部特征缺乏帝王应有的中正平和之气,脸型轮廓过于突出,眼神也过于凌厉,反倒显得满脸横肉,面露凶光。这绝非其母亲清都公主和阎立本自己,以女儿和外孙的视角,看待父亲和外祖父的眼光。

北周武帝宇文邕(543—578)在史书上的风评,一向以"狠人"著称。他即位之初,宇文护把持国政,权倾朝野,此前他已接连杀害孝闵帝宇文觉(542—557)、明帝宇文毓(534—560)两位青年皇帝。武成二年(560),宇文邕即位后,韬光养晦了十余年,直到宇文护放松警惕后才下手。天和七年(572),宇文邕与宇文护一起朝见太后,趁其不备,从后面拿玉笏击打宇文护的后脑,宇文护当即倒地。

这时宇文邕又命令身边的宦官何泉拔出御刀去砍宇文护,但何泉被这突如其来的变故吓傻了,怎么砍也砍不中,这时事先藏起来的卫

---

① [唐]令狐德棻等撰:《周书》卷20,中华书局,1971年,第342—343页。

图 10-1　《历代帝王图》北周武帝　美国波士顿美术馆藏

王宇文直跳了出来，一刀结果了宇文护。①周武帝解决宇文护的整个过程干净利落，尽显其杀伐果断的个性。

宇文邕虽然在位十八年，但亲掌北周军政不过六、七年，然而就这六、七年间，竟干成了两件大事。一是灭北齐，一统北方，奠定后来隋朝统一天下的基础；二是为加强朝廷的财源和兵源，发动了著名的灭佛运动，拆毁佛寺，逼令僧尼还俗，《历代帝王图》还特地在他的立像旁标注了"毁灭佛法"四个小字。所以《历代帝王图》中北周武帝的相貌，是非常符合历史记载中体现出来的他个人的帝王性情的。

阎氏家族和隋朝的关系也很密切。《隋书》记载，阎立本的父亲阎毗年轻时仪表堂堂，又多才多艺，"尤善画，为当时之妙"。周武帝给女儿清都公主选驸马时，一见到他就大为满意，于是他就成了周武帝的乘龙快婿。隋文帝即位后，他成为太子杨勇的亲信，因心灵手巧，擅长制作各种好玩的东西，深得杨勇欢心，经常在隋文帝面前夸赞他。而且更厉害的是，隋炀帝上位之后，他居然可以继续讨得新主子的欢心。

本来杨勇被废后，他作为太子的猪朋狗友，被隋文帝重罚，打了一百杖，老婆孩子一度皆沦为"官奴婢"。但隋炀帝一即位，想到他"性巧"的本事，马上重新起用他，让他负责皇帝仪杖器物的设计和制作，官至殿内少监、领将作少监事，隋代大运河工程中，著名的洛阳至涿郡段就是由他负责修建的。炀帝出外巡视以及征伐高丽等，都命他随侍在侧。②阎立本生于601年，他在青少年时代是可能因为父亲的

①《周书》卷11，第176页。
②[唐]魏征等:《隋书》卷68，中华书局，1973年，第1594—1595页。

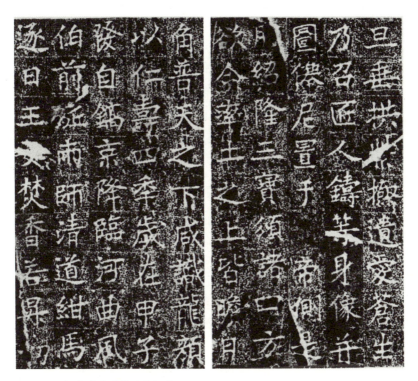

图10-2 栖岩寺舍利塔碑文拓片 故宫博物院藏

关系，见过隋炀帝的。

何况贞观年间离隋末不远，自唐太宗以下，许多文臣武将都见过隋炀帝，要是画得完全不像，恐怕也很难服人，所以《历代帝王图》中隋炀帝的相貌可能是有一定的真实依据的。

《历代帝王图》的十三位皇帝中，按理说最"像"的应该是隋文帝。倒不是因为隋文帝和阎立本有什么特别亲密的关系，而是因为隋文帝的相貌在当时应该是家喻户晓的。隋文帝大概是最早有意识地想让天下臣民都一睹自己王者风采的皇帝，他在位期间命令工匠铸造自己的等身塑像放置在佛寺中，其目的是"欲令率土之上，皆瞻日角[①]；普天之下，咸识龙颜"（见图10-2），即让天下人都看看什么是帝王之相，让天下人都知道皇帝长什么样子。

隋文帝为什么会对自己的相貌如此自恋呢？

这大概是因为从小天生异相的缘故。

仁寿四年（604），遵照隋文帝的命令，工匠们以他的身形样貌铸造了一尊等身的塑像安置于河东郡（今山西永济）的"栖岩寺"，这座寺院与大隋皇室渊源颇深。此寺始建于北魏永熙年间（532—534），乃是隋文帝的父亲杨忠出资所建。隋炀帝大业三年（607），一个名叫贺德仁的文士应邀为栖岩寺的舍利塔写了一篇碑文，在这篇文章中，他透露了栖岩寺中藏有的隋文帝御容的来历。

隋文帝的身世颇具传奇，据说他出生的时候，有"神光"把屋子照得犹如白昼，这时忽然有"天女"飘然从天而降，化现为一个尼姑，

---

① "日角"为古代帝王之相的常用术语，最早见于《后汉书》描述汉光武帝的长相，东汉郑玄《尚书中侯注》解释，日角就是"庭中骨起状如日"，即额头中央的左右两眉的正中间的上方部位微微隆起，其形状犹如太阳。

自称法号"智仙"。她来到隋文帝的生母"明元太后"面前，智仙相貌姣好，仪态端庄，而且说话声音清雅，确有仙人的模样。她对隋文帝的生母说："你这个儿子天生聪明，相貌端正，将来一定统一天下，重新将佛教发扬光大，一定要选择精明能干的保姆好好照顾这个孩子，找个清净的地方把他养大成人。"说完之后就不见了人影。

后来隋文帝真的成就了一番大事业，不但身登大宝，还一统天下，结束了自西晋崩溃以后长达近三百年的乱世。事后为了表彰尼姑智仙的识人之明，隋文帝除了大兴佛教之外，还到处放置自己的御容塑像，并在御容旁边挂上一幅智仙的画像，让天下都看看他一生下来，就是当皇帝的命。①

当然，给皇帝做等身塑像成本太高，移动也不方便，不易普及。隋文帝为了让更多的臣民能够方便地"看到"自己，更多的是把自己的画像放到全国各地的寺院中供奉展示，南宋陈思编的《宝刻丛编》中收录有一份恒州（今河北正定）的恒岳寺修建舍利塔的碑文，这块碑立于大业元年（605），讲述的是仁寿元年（601）恒岳寺奉诏建成舍利塔的情况，其中特别提到了建塔时，隋文帝还"自写帝形象于寺中"，可能是派人到该寺墙壁上复摹了隋文帝的画像。②

可见在这个问题上，隋文帝的兴趣确实很高，他为什么会有让"普天之下，咸识龙颜"的兴趣呢？

他是否生来就有帝王之相，恐怕不好说，女尼智仙的故事多半也

①［隋］贺德仁：《大隋河东郡首山栖岩道场舍利塔之碑》，韩理洲辑校编年：《全隋文补遗》，三秦出版社，2004年，第44—46页。

②［宋］陈思：《宝刻丛编》卷6《隋恒岳寺舍利塔碑》，浙江古籍出版社，2012年，第376—377页。

是他当上皇帝后附会而成的，但编出这个故事并非只是为了炫耀他的相貌。历代开国之君中，隋文帝可以说是最不出彩的一个，不但没有手提三尺剑以取天下，身经百战，历尽艰险的传奇经历。甚至连欺负"孤儿寡母"的机会，也是别人拱手相送的，并非他自己辛苦经营得来。杨坚早年虽然承袭了其父留下的"随国公"爵位，不过在很长一段时间里，他的地位，只是一个普通的贵族子弟。

尽管北周武帝在世时为太子（即后来的北周宣帝）迎娶了杨坚的女儿为妃，在宣帝即位后，杨坚的女儿成了皇后，杨坚也以外戚的身份，成为朝廷重臣。不过，宣帝是历史上出了名的荒淫好色之君，破天荒地同时并立了五个皇后，杨坚的这个皇后老爸的身份，事实上也并没有太大的作用。他之所以能够上位，纯属北周宣帝死得突然，死前并没有来得及安排好后事，宣帝身边的近臣刘昉、郑译等人矫诏以他辅政，以此机缘掌握了北周朝廷的大权，并在不到一年的时间内，迅速清除了内外异己势力，登上皇位，自古得国之易，建国之速，隋文帝堪称冠绝古今。

对于为什么自己能够当上皇帝，隋文帝本人恐怕都没想明白，所以不得不寄望于自己的天生异相。

北周宣帝临死前，其近臣刘昉、郑译召杨坚入宫密谋，在进宫的路上，碰到了以擅长算命著称的相士来和，来和的"相术"了得，早在三十多年前就以此特长得到宇文护的提拔，名动朝野。杨坚此时正举棋不定，见到来和，遂向他询问此次入宫，是否会有灾祸，来和却连声向他道贺，说"公骨法气色相应，天命已有付属"，直言他身具帝王之相，此行是天命攸归，大可放心从事，从而大大坚定了杨坚的信心。

多年以后，来和上表言及此事，隋文帝读后还"览之大悦"。[①]杨坚的成功，确实缺乏此前开国帝王的赫赫之功，女尼智仙和相士来和都以帝王之相为杨坚造势，绝非巧合。隋文帝当上皇帝后，到处放置自己的等身像，正是为了强化他生来就有帝王之相的天命传说。不过有意思的是，现在来看《历代帝王图》中的隋文帝像，以古代所谓的"相法"来说，似乎并无什么特别出彩的地方。

古人所谓帝王"天日之表"的标准面相是"隆准日角"，前引隋文帝想要天下人都知道他长什么样子的那句碑文——"普天之下，咸识龙颜"的上一句，即是"率土之上，皆瞻日角"。所谓"隆准日角"，简单来说就鼻梁突出，额头隆起如日状。但《历代帝王图》中的隋文帝，却是鼻梁平滑，额头微微下陷，隆准与日角的特征都谈不上明显。显然，隋文帝苦心经营几十年的天生帝王之相的人设，并没有真的深入人心！

仔细看（见图10-3），在阎立本笔下，隋文帝面容略显清瘦，双眉紧锁，眼神散漫，一副心事重重的样子，反倒更加符合唐朝初年官方对隋文帝的评价：天性深沉猜忌，又不学无术，喜欢耍小聪明，而缺乏帝王应有的大格局，所以忠臣义士无法尽展所长。跟着他创业的元勋和有功的将领，不是被诛杀，就是有罪被废，很少有得以善终的。[②]显然，正是唐初给隋文帝立的新"人设"影响了他在《历代帝王图》中的形象。

事实上，唐朝的皇帝们对自己的形貌也是很在乎的，并有意向天

①《隋书》卷78，第1774页。

②《隋书》卷2，第54页。

图 10-3 《历代帝王图》隋文帝立像

美国波士顿美术馆藏

下臣民展示自己的光辉形象，而唐代的普通人也有大量的机会得以一睹龙颜。

诗人杜甫在唐玄宗开元末年曾一度定居洛阳的首阳山下，有一年冬天，他到洛阳城北的玄元庙游览，见墙上的唐高祖、唐太宗、唐高宗、唐中宗和唐睿宗的"五圣真容"壁画，大受震动，诗兴大发地写下了："画手看前辈，吴生远擅场。森罗移地轴，妙绝动宫墙。五圣联龙衮，千官列雁行。冕旒俱秀发，旌旗尽飞扬。"①从诗中可以感受到，当杜甫伫立在吴道子所画的大唐五位皇帝的画像面前，看到五帝身着龙袍，头戴冕旒，在群臣的簇拥下，旌旗招展地登场，是何等的震撼人心。

唐人笔记《剧谈录》记载，东都洛阳城北的邙山上有"玄元观"，观的南边有"老君庙"，整个玄元观的道教建筑群，楼台殿阁高大敞亮。站在上面往下看，伊水和洛水从脚下流过，玄元观中有开元年间雕塑家杨惠中塑制的各种道教神仙的泥塑像，造型"奇巧精严"，见者都无不肃然起敬。壁间更有吴道子画的五圣真容，以及"老子化胡经"的故事画，世称"丹青妙绝，古今无比"。②而且在壁画里，唐代皇帝们是与道教众仙站在一起的，这样的方式更是增加了帝王的神圣威仪。唐代皇帝在画像上把自己厕身于神仙之中的模式，也深刻地影响着后来的神仙组画的构图套路。

如近代大画家徐悲鸿收藏的《八十七神仙卷》末尾部分，就有一

①［唐］杜甫:《冬日洛城北谒玄元皇帝庙》,《全唐诗》卷224,中华书局,1960年,第2387页。

②［唐］康骈:《剧谈录》卷下,《唐五代笔记小说大观》,上海古籍出版社,2000年,第1488页。

位在文武百官围绕中的"大人物"（见图10-4），他头上所戴的帽子和身上所穿的衣服，都与《历代帝王图》中陈文帝的冠服一模一样（见图10-5），应该就是某位"混入"仙班中的唐朝皇帝。

《历代帝王图》中陈文帝所戴的头冠，名为"白纱帽"，是南朝齐、梁以来的天子首服。[1]人臣戴上此帽，其意涵犹如后世的黄袍加身。南朝宋元徽五年（477），刘宋权臣萧道成意图废立，当年七月七日，后废帝刘昱被杀，萧道成紧急入宫，召辅政的大臣袁粲、褚渊等议事。一言不合之际，萧道成手下的猛将王敬则突然在旁边拔刀大呼："天下之事，都应该听萧公的，在座各位敢有说一句废话的，必定血染敬则之刀。"

说罢，又叫来虎贲剑士，控制现场，然后亲手取出"白纱帽"戴到萧道成的头上，劝他立即登基为帝，并说："今天这场面，谁还敢乱动？就该趁热打铁，把这事儿给办了。"[2]梁武帝也常以头戴白纱帽入画，米芾《画史》记载，有个名叫叶助的人，收购到蜀人范琼所画的《梁武帝写志公图》一幅，画中的梁武帝"白冠衣褐"，此白冠也就是白纱帽。

《八十七神仙卷》年代不明，徐悲鸿对此画爱不释手，认为是画圣吴道子亲笔，在给此画题写的跋文的一开头就说"倘非画圣，熟能与于斯乎！"后来更是借夸耀张大千的见识非凡而再次肯定了此画为吴道子所作，"吾友张大千欲定为吴生粉本，良有见也。"[3]虽然这幅画的作

---

① 周锡保：《中国古代服饰史》，中央编译出版社，2011年，第142页。
② [唐]李延寿撰：《南史》卷4，中华书局，1975年，第102页。
③ 徐悲鸿：《〈八十七神仙卷〉跋一》，《徐悲鸿自述》，安徽文艺出版社，2013年，第69—70页。

图 10-4 　《八十七神仙卷》局部
徐悲鸿美术馆藏

图 10-5 　《历代帝王图》陈文帝
美国波士顿美术馆藏

者和年代，学者对此多有不同意见，不过整体来说，大家都认为此画的年代不出唐宋两代，其中的图像内容反映的也是唐代的构图模式，由此可以猜测出当年杜甫在洛阳玄元观看到"五圣联龙衮，千官列雁行"，大致会是个什么样的场景了。

当然，并不是任何普通人都有机会去洛阳的玄元观一览"五圣真容"，但作为一个唐朝的老百姓，想知道皇帝长什么样子，其实还有很多选择。

除了长安、洛阳这样两京级的大都市以外，唐代的河东人，也即今天的山西人，是最有机会一睹龙颜的。唐代的忻州、太原、晋州（今山西临汾）等地，从史料上看，都供奉有唐代皇帝的真容。大历七年（772），宰相常衮在给唐代宗的贺表中讲到，当年的太原尹、北都留守薛兼训奉命将忻州的"七圣庙"内的"尊容"迁移到太原府的紫微宫安置，七圣（即唐高祖、太宗、高宗、中宗、睿宗、玄宗和肃宗）

御容在移动时，有紫云显现，在场的人还听到了钟鼓之声，犹如七位皇帝亲自出行一般。①

这表明此前的忻州，和此后的太原，都拥有过这些皇帝的圣像。另外，建中三年（782），有晋、慈等州观察使李寰率领幕府僚属、所属州县官员以及地方大姓方氏家族的"乡贡进士方郢、前乡贡明经方回、前乡贡明经方参"等人，斋戒沐浴后，前往晋州神山县（今山西浮山县）的庆唐观祭拜高祖、太宗、高宗、中宗、睿宗、玄宗的"真庙"。②这个所谓的真庙，也应该是供奉上述六位唐代皇帝真容的地方。

由于唐朝建国，始于太原起兵，山西既是大唐的龙兴之地，又靠近长安，有近水楼台先得月的区位优势，像山西这样齐聚大唐几代皇帝御容的盛况，确实不多见。但如果不是想一次就把唐代诸帝"一网打尽"的话，那么唐朝人其实不必离开自己的家乡就能实现一睹龙颜的愿望。因为唐玄宗跟隋文帝一样，在位期间也花费了大量的心血在全国各地制作自己的御容塑像或画像，整个唐代，御容分布最为广泛的就是唐玄宗。

天宝年间（742—756），朝廷曾下令"天下州郡皆铸铜为玄宗真容"，让全国各地按照玄宗的样子铸造铜像。这个命令并非一纸空文，有学者以唐宋时代留存下来的一些史料加以统计，发现大唐境内至少有25个州，都供奉有玄宗的御容，分别是长安、华州、潞州、恒州、沙州、苏州、衢州、汀州、歙州、池州、洪州、江州、永州、万州、

---

① [唐]常衮：《中书门下贺太原紫云见表》，《文苑英华》卷562，中华书局，1982年，第2880页。

②《庆唐观李寰谒真庙题记》，《八琼室金石补正》卷65，文物出版社，1985年，第452页。

利州、蓬州、阆州、成都、简州、戎州、遂州、业州、巫州、辰州、潘州，其分布涵盖了今天的陕西、山西、河北、甘肃、江苏、浙江、福建、安徽、江西、湖南、广东、重庆、四川、贵州等14个省市。[①]

这25处，只是史料可见的，而史料中看不到的，应该更多，可见当时全国上下对铸造玄宗御容的命令是切实执行了的。直到唐末，玄宗的御容虽然历经风霜，但仍然在守护着大唐的天下。

安史之乱后，唐朝将河西和西域的重兵都调回内地平叛，造成西北防务空虚，河西走廊和西域的安西、北庭诸镇，都相继失守。到建中二年（781）前后，丝绸之路上最重要的交通节点——敦煌，也被吐蕃军队攻陷，于是唐朝与河西、西域的交通中断，从此音信全绝。直到大中二年（848），随着吐蕃王朝的崩溃，张议潮起兵驱逐驻守敦煌的吐蕃军队，收复河西诸州，创立"归义军政权"，河西走廊终于重回唐王朝的怀抱。

这一时期，漠北的回鹘汗国也崩解了，蒙古草原上的社会秩序大乱，动荡不安，许多回鹘部落西迁进入河西，敦煌渐渐处于回鹘的包围之中。乾符元年（874），归义军政权的继任者张淮深（张议潮的侄子）亲自部署兵马，大败回鹘诸部，事后他派人到长安向唐朝献捷，唐僖宗非常高兴，下令派遣散骑常侍李众甫等九人前去敦煌，代表中央嘉奖张淮深。唐朝与归义军的这段历史，虽然在正史上并不显眼，但在当地却完全称得上是一段佳话，被编成说唱故事到处传唱。

敦煌藏经洞发现的《张淮深变文》里记载，当朝廷派来的"天使"

[①] 参见雷闻：《论唐代皇帝的图像与祭祀》，《唐研究》第9卷，2003年，第270-273页。

抵达敦煌宣读了敕令以后，张淮深带着使者们参观了敦煌城内的"开元寺"，并一起拜谒了"玄宗圣容"。这时唐玄宗的御容塑像栩栩如生，"俨若生前"，令长安来的使者们大为惊叹。当时，其他地方的玄宗御容早已湮没无闻，只有敦煌，虽然沦陷于吐蕃将近"百年"（《变文》的唱辞略有夸张，其实不过七、八十年而已），还供奉着大唐皇帝，实在是冥冥之中，自有天意。

使者说，一路走来，发现沿途州县，城邑荒残，当地汉人在吐蕃治下，大多已放弃汉装，改换"左衽"，只有沙州敦煌一郡，"人物风华，一同内地"，可为敦煌人民一直心向大唐的明证。[1]可以说，唐朝末年玄宗御容在敦煌的惊艳亮相，大大鼓舞了已迈入衰世的王朝人心。

唐朝皇帝尽管不能真的深入民间，让老百姓得以见到他们的尊容，但通过复制自己的塑像或画像的办法，起到了与人民站在一起的效果，对于老百姓来说，他们终于可以看到自己的皇帝了，这对于皇帝崇拜的加强是有着最直观的效果的。最有意思的是，当时传入中国的基督教的教堂里也有唐代皇帝的画像。

据著名的《大秦景教流行中国碑》记载，贞观十二年（638），唐太宗下令为到长安传教的基督教聂斯脱里派的传教士修建了"大秦寺"，这座基督教的教堂建好后，相关部门派人"将帝写真，转摸寺壁"，即参照唐太宗的写真原本，在这座教堂的墙壁上临摹了一幅，画成壁画留在寺中。据说这幅唐太宗的写真画好后，"天资泛彩，英朗景

---

① 黄征、张涌泉校注：《敦煌变文校注》卷1《张淮深变文》，中华书局，1997年，第192页。

门，圣迹腾祥，永辉法界"，这十六字，道尽了唐太宗御容的神妙高绝。在时人看来，太宗的帝王之相，可谓姿态天成，流光四溢；而其帝王事业，更如吉光闪现，照耀天堂。

唐太宗的写真像，在当时本就有着很高的艺术价值，其模本应该出自阎立本之手。《唐朝名画录》记载，阎立本曾奉命绘制唐太宗御容，这幅御容后来成为唐太宗画像的标准本，后世多以此为基础进行"复写"。

如长安玄都观东殿"前间"的唐太宗画像，就是后来的佳手"传写"而成，时人认为，供奉唐太宗的画像于此，可以仰仗太宗的"神武英威"，镇伏玄都观的"九岗"之位的地势。[①]所谓九岗，并不是真的有九个山岗，而是取《易经》中阳爻称九之义为其命名，玄都观的位置在易经八卦的方法上是最为难得的"贵位"。据说当初规划建设长安城的时候发现，朱雀大街在南北线上依次坐落着六个小山坡，望上去就像六个"阳爻"，刚好构成了一个"乾卦"横卧在长安城的中轴线上。

而皇帝所居的宫城，正好处在这个虚拟乾卦的"九二"之位上，这个位置，在全卦中既居"君位"，又未到极致，意味着还有很大的上升空间，以帝王居住之地以当此位，确实再好不过。

以此类推，紧挨着的"九三"之位就是皇城，正应了爻辞中"九三，君子终日乾乾，夕惕若厉"之语，将百官办公的三省、六部、九寺、三监等政府机构安排在这里，恰到好处地提醒了各部门的官员们，要"打起精神好好干"，简直堪称精妙。但这样的安排也有一个大麻

---

① [唐]朱景玄著，吴企明校注：《唐朝名画录》，黄山书社，2016年，第49页。

图 10-6 唐太宗立像 台北故宫博物院藏

烦，那就是按这个理论推算下去，玄都观一带则是"九五"之位，常言道"九五至尊"，因为九五之位，过于尊贵，非凡人所宜居，因此最后只能在这里修建了玄都观和兴善寺，以满天神仙、诸佛菩萨来镇伏之，完美地解决了这个问题。①

所以，把唐太宗的画像"复写"到玄都观，不仅仅是为了让长安城的老百姓瞻仰皇帝的圣容，更重要的是要借助太宗的神威镇伏贵位，由是营造出一种唐太宗就是活神仙，就是活菩萨的氛围。

可惜的是，今天传世的唐太宗御容皆非当年原本，但仍然可以窥见唐太宗的一些相貌特征。台北故宫有清代南薰殿汇集的唐太宗立像（见图10-6），从其服制来看，为明人所绘无疑。画像中唐太宗的面相方正，神情严肃，但笔法呆板，显得威重有余，而英气不足。尽管如此，此画应该多少还是保存了一些唐太宗的面部特征的，比如脸型和胡须的样式，大概是唐代绘制太宗御容的基本模板。

这一点，在相传为阎立本所绘的《步辇图》中也可以得到印证，《步辇图》的作者和时代都有争议，是阎立本真迹的可能性不大，很有可能是宋代的摹本。此图类似今天的"重大历史题材绘画"，艺术创作的重点是"故事情节"，而非写真式的皇帝御容肖像。《步辇图》中的唐太宗（见图10-7）虽然是侧面而坐，只能看清三分之二的面容，由于受体裁所限，画法更写意一些。但方正的脸形依然清晰可见，特别是双唇之上那片飘逸的小八字胡，以及下颌上点缀着的一撮小山羊胡，简直和"唐太宗立像"一个模子刻出来的。

只是《步辇图》的艺术造诣确实要高出不少，两者虽然面部特征

---

① ［宋］王溥:《唐会要》卷50,上海古籍出版社,1991年,第1026页。

图10-7　《步辇图》局部 唐太宗
台北故宫博物院藏

一致，但《步辇图》用笔灵动，使得图中的唐太宗，既威严庄重，又英气逼人，毫无"唐太宗立像"的呆滞之感。

唐太宗的风采妙绝，应该是唐人心目中普遍期待的真命天子之象。开元十八年（730），契丹部族首领可突干起兵反唐，杀死唐朝册封的契丹王李邵固，挟持奚、契丹诸部一起叛投突厥。消息传到京城，唐玄宗下诏任命当时还是"忠王"的唐肃宗为"河北道行军元帅"，统率河北前线八路大军讨伐可突干。肃宗这次其实是挂名出征（没有真去前线），但玄宗让百官相聚于光顺门为忠王出征打气。

这时肃宗刚刚二十岁，正是英气勃发之时，左丞相张说见到肃宗后对学士孙逖、韦述说："尝见太宗写真图，忠王英姿颖发，仪表非常，雅类圣祖，此社稷之福也。"①唐肃宗第一次出场就以其雅类圣祖

---

① 《旧唐书》卷10《肃宗纪》，第239页。

的英姿（即长得像太宗）征服了左丞相张说，预示了肃宗真命天子的命运。这个事看起来像是在为肃宗当皇帝制造舆论，但仔细一想，味道却怪怪的。

为什么呢？因为这个时候，玄宗是有正牌太子的，此时太子李瑛还在东宫当太子当得好好的，李瑛要在七年后的开元二十五年（737）才被废黜。张说在太子还在位的时候，居然说一个普通的皇子长得像太宗，暗示这个普通皇子才是真命天子，未免胆子也太大了点，而且他居然还说这是社稷之福。稍想一下就会发现，这怎么能是社稷之福呢？如果他的观察是真的，那就意味着现任太子一定会被替换掉，换太子在古代可是动摇国本的大坏事，这是祸不是福啊。

可叹的是，历史真的不幸被他言中，七年后，太子李瑛被废，玄宗亲手制造了一日杀三子的惨剧，本来是个普通亲王的肃宗，时来运转，在次年被册立为皇太子，随后在安史之乱中趁乱自立当上了皇帝，果如张说所言。

最后值得一提的是，隋唐时代把御容"玩"到新高度的，还是著名的武则天，这位中国历史上第一位，也是唯一的一位女皇帝。皇帝日理万机，无暇分身，御容就是皇帝的化身，可以成为替身去做皇帝想做，却又无法分身去做的事。

长安二年（702），武则天下令让左庶子侯知一、御史大夫魏元忠负责督导工匠，用玉石雕刻一尊女皇的御容塑像，等这尊御容造好后，打算命人护送到五台山去礼拜菩萨。第二年，武则天的玉身御容雕造完工后，"倾国僧尼"全都上奏请求让他们护送武则天的御容前去五台山，搞得声势过于浩大。武则天考虑到五台山离雁门关实在太近，突厥骑兵经常在这一带出没，此事如果引起突厥的注意，后果会十分严重。因为突厥完全有能力派人来偷走或毁坏这尊玉身御容像，如果发生那样的事儿，就会让武则天很难堪了，不但有损皇帝的神威，也会打击边关军民的战斗意志。

所以最后决定，不去五台山了，临时改变计划，将这尊御容安放到太原的崇福寺供奉。① 武则天打算让自己的玉像去拜菩萨的想法虽然最终没有实现，但却是一个非常了不起的创意，这意味着皇帝的御容不再是被动地接受臣民瞻视的"被观看者"，"他"被赋予了生命，成为一个"主动的行走者"，代替皇帝巡行天下，为皇帝分忧解劳。

有趣的是，这一做法，差点让后来在绝望中紧紧抓住救命稻草不肯松手的宋高宗拿来耍无赖。

绍兴八年（1138）南宋与金朝达成了第一次和议的谈判，初步达成了南宋向金朝称臣，金朝则将河南、陕西等地归还给南宋的协议。当年十二月，金朝派遣尚书右司侍郎张通古为"诏谕使"，带着金熙宗的诏书来到杭州，打算按之前达成的协议宣读金熙宗的诏书，还要求宋高宗以臣子之礼跪拜接受大金皇帝的诏书。此一消息传出来后，面对高宗一伙搞的如此屈辱的投降行为，南宋举国震惊，群情激愤，在巨大的舆论压力之下，负责办理议和事务的官员都有点"扛"不住了，想撂挑子不干了。

宋高宗发现后，很生气，在召见御史中丞勾龙如渊时居然声色俱厉地说："士大夫们都只顾自保，一点担当都没有。之前我们在明州被金军追着打，跑到海上去避难的时候，朕就算跪一百次，也不会有一点迟疑！"又说："和议谈判，往来几次，都是王伦负责的，现在和议

<hr />

① ［宋］释延一:《广清凉传》卷上,《大正新修大藏经》,第 51 册,第 1107 页。

谈成了，听到金人要朕跪拜诏书，他竟然对和议的事首鼠两端。秦桧一向主张和议，最支持朕，现在居然也提出辞职，想跑路。他自己跑得了，当然不是什么坏事，将来金人再打过来，也只是要抓朕，又不会去抓他！"

面对宋高宗如此急不可耐，不惜下跪，也要求和的行为，就连当时帮助他搞投降的一群奸臣都看不下去。于是朝臣们开会商量办法，有人提议，高宗在跪拜金朝皇帝诏书的时候，可以把北宋历代皇帝的御容画像和金朝诏书放到一起拜。①其意在于，这么做表面上是拜的金朝皇帝的诏书，实际上是在跪拜大宋王朝的历代皇帝。这个办法简直是掩耳盗铃，自欺欺人。只是不知道，宋朝的列祖列宗们如果真的在天有灵的话，会不会被气得从画像里面钻出来把赵构这个不肖子孙痛打一顿。

好在后来大臣们想到一个更好的保存脸面的方法，就是以徽宗新丧，高宗须为其父服丧，不便参加公开的政务活动为由，改由宰相秦桧代替高宗接见金使，并跪受金熙宗的诏书。

可以说，皇帝"相貌"的展示，对皇帝和臣民来说都是"刚需"，把皇帝的相貌展现在天下人面前，既能满足臣民对皇帝的期待，又能借此为皇帝本人营造天命，凝聚人心。但皇帝深居九重，不能轻易外出，不可能真的常常出现于田间地头，和人民打成一片。于是制作诸如画像或塑像之类的"御容""圣容"等神圣物品放置于宫廷之外，既可以深入民间，与天下臣民建立起直接联系，又能够代替皇帝本人巡视他的大好河山，御容的制作、供奉和崇拜，在隋唐时代便应运而生。

①《建炎以来系年要录》卷124，第2348页。

不过令人惋惜的是，隋唐时代的御容尽管数量多，分布广，但历经唐末五代的乱世之后，几乎全部毁损散佚，到了今天，可靠的隋唐诸帝御容真迹竟无一传世，隋文帝"普天之下，咸识龙颜"终成幻梦。但隋唐时代兴起的御容政治文化传统却被宋代继承下来，并加以发扬光大。比如世言秦皇、汉武、唐宗、宋祖，然而秦始皇、汉武帝长什么样儿，今人已难知晓，唐太宗的御容画像的唐人原本也已不存，靠后世的摹本，亦只能知其大概。只有宋太祖留下了真正的以"写真"、"写貌"为创作目标的御容画像。

唐代帝王的御容真迹基本不存，而宋代皇帝的御容画像却几乎全部完整地保存了下来，并且开启了后世元、明、清三代皇帝御容画像之先河。现在保存下来的两宋帝王御容画像主要是清代收藏于故宫南薰殿的一批画作，这批画像从技法、构图、形制等方面大多可以断定是宋人所绘。这批御容几乎囊括了两宋所有的皇帝，从开国之君宋太祖，一直到实际上的亡国之君宋度宗，一共十五位皇帝都有御容画像存世（还有一位事后追认的皇帝宋宣祖的画像，在图10-8中未列出），完全可以做成一个"集体证件照"了（见图10-8）。

而且有时一位皇帝还不只一幅，既有全身像，也有半身像，既有立像，也有坐像。而且这批御容画像以全身挂轴像为主，每轴高达1.7—1.9米之间，差不多也如真人一样大小。如果我们把宋代诸帝的御容画像放到一起对比，会发现一个有趣的现象，神宗以前太祖、太宗、真宗、仁宗、英宗的画像，服色不一，或着淡黄袍，或着大红袍；侧脸的朝向或左、或右，并无统一的定式。而从神宗开始，此后的哲宗、徽宗、钦宗、高宗、孝宗、光宗、宁宗、理宗、度宗的御容画像，形制高度一致，服色统一为大红色，侧面朝向也都向右，这应该跟之前

图 10-8　两宋皇帝的"集体证件照"

讲到的神宗以后形成的"景灵宫体制"有关。

神宗开创了景灵宫统一安放御容肖像的传统，之前皇帝的御容大多存放在各处寺观之中，在制作时也并无统一的规划。景灵宫从各地征集起来的神宗以前的御容画像，肯定也就五花八门，并无统一格式。神宗建立景灵宫以后，御容统一安放，形制统一设计，所以神宗以后的御容才有了高度统一的定式。

宋代是中国古代第一个留下了如此丰富的皇帝肖像画的朝代，宋人对于皇帝肖像的制作与崇拜，可以说坚持到了最后一刻，而且颇有些百折不挠的精神。

咸淳九年（1273），南宋朝廷在嘉兴府的兴圣寺举行了孝宗御容塑像的奉安大典，这时离南宋亡国仅剩三年。兴圣寺所在的地方，是孝宗的诞生地。孝宗出生于南宋建国的建炎元年（1127），其父赵子偁当时正是嘉兴县的县丞。孝宗出生于高宗当上皇帝的当年，而且还出生在嘉兴，宋人认为这正是冥冥之中，自有天意安排。嘉兴在宋代原名秀州，后因孝宗诞生地而升级为嘉兴府。

嘉兴古称"由拳"，三国东吴黄龙三年（231），因为这里有"野稻自生"，引得刚刚称帝不久的孙权觉得这是上天为他降下的祥瑞，不但借此意将年号改为"嘉禾"，还把由拳县改名禾兴县，后来又改名嘉兴，因此嘉兴的雅称即是"嘉禾"，现存最早的嘉兴地方志——刊行于元代初年的《至元嘉禾志》，即以嘉禾为名。而嘉禾的典故，最早见于《尚书》的《微子之命》篇，讲的是西周建立后，亡国的商人后裔不服，在纣王之子武庚的带领下造反，周公率军东征，平定叛乱，然后扶植纣王的长兄微子代替武庚统领商人后裔，建立宋国。

在这个过程中出现的祥瑞就是周成王的弟弟唐叔得到嘉禾，奉成王之命送给东征中的周公。微子为宋国的开国之君，嘉禾的典故，实为"宋"国得名之始。对于宋朝来讲，孝宗出生的时间和地点，简直太绝了！南宋末年的添差浙东路安抚司机宜文字兼福王府教导官周方在《重修兴圣寺记》写道，"虹光照室已应于即位改元之冬，嘉禾纪瑞又先如汉中兴时矣！"

其实早在嘉定元年（1208）九月，主政嘉兴府的赵希道向朝廷上报，"臣所领郡治嘉兴县县丞之厅正寝东室，实维孝宗皇帝庆毓之地。"但是多年以来，就是一个普通的官舍，没有发挥其诞圣之地应有的"纪念堂"功效。赵希道说，他在到任以后，将嘉兴县丞的办公地点搬迁了出来，将这里作为孝宗诞生地进行了保护性开发，结果发现效果很好，引得当地学校的学生和乡绅的忠君热情高涨，纷纷前来参观瞻拜。他们还积极地向赵希道反映，嘉兴老百姓都很感念孝宗的恩德，因为孝宗的原因，嘉兴从州升格为府，府学的学生参加科举考试时，也获得了不必参加贡举，而可直接参加礼部试的优待。

孝宗对嘉兴的恩德如此之大，但嘉兴人却没有一点感恩的表示，这是很不像话的，所谓"龙戏之馆，赤昭之宫，独后表章，岂非阙与？"赵希道听后，大受触动，日夜思考解决的办法，几乎到了废寝忘食的地步。

其实，赵希道与嘉兴以及孝宗关系也不一般，孝宗的生父赵子偁，在孝宗即位后被追封为秀王，大概也是因为孝宗生于秀州之故。孝宗的长兄赵伯圭，后来获封"嗣秀王"，而赵希道正是赵伯圭的孙子，是南宋皇室中与孝宗在血源上最为亲近的一支。于是他向朝廷上书，援引太祖、太宗的诞生地各建有应天禅院和启圣宫的先例，申请将嘉兴县丞的办公室改建为佛寺。当年十月，宁宗下诏批准了赵希道的请求，并让礼部负责相关事宜，礼部为改建的寺院拟定了"兴圣禅院"之名，十二月，宁宗正式下诏批准了礼部的相关建议，兴圣禅院开始动工。

至第二年（1209）十月，为纪念孝宗诞生地的兴圣禅院建成，据当时的参政知事、嘉兴人娄机所写的《兴圣禅院记》所说，兴圣禅院的建筑规模宏大，有房屋两百余间，除了供奉诸佛菩萨以外，还供奉了孝宗的御容塑像。

然而兴圣禅院建好之后，并没有像赵希道期盼的那样成为嘉兴的一大名胜，之后竟然渐渐荒废。

淳祐十一年（1251），赵希道的侄子赵与訔成为嘉兴知府，他到任后，召集属吏慷慨陈词，说："汉制，郡国得立祖宗原庙，我国朝陪京及车驾尝所临幸，咸即寺观创殿以奉于神御，而洛师之应天、启圣，则又即诞生而纪瑞也。"他说，四十五年前，我的伯父赵希道首倡此议，现在轮到我来继承此事了。他将兴圣禅院旧址周围的民居都买下来，大肆扩建，花了十个月完成了兴圣禅院的复建工程。

为了保证以后有稳定的经费运营，他还捐出了官庄田地277亩，合旧田共计1828亩交给寺僧"斋厨费"。复建工程完工后，他又找到赵伯圭的幼子、嗣秀王兼管大宗正司的赵师弥（赵希道的叔父、赵与訔的叔祖父），由他出面向理宗汇报此事，理宗很高兴，当即"援笔大字书'流虹圣地兴圣之寺'八大字"，并命人做成"涂金字"的牌匾送到嘉兴挂在复建的兴圣禅院的大门上。事后，赵师弥奉旨前去兴圣禅院进香，在半路上碰到以文学知名的宝章阁待制程公许，遂请他撰写了《兴圣寺记》。在记文中，程公许说，理宗的御书金字招牌送到兴圣禅院后，"龙蟠凤翥，日丽星晖，耆老聚观，感慕洒泣。"

可惜的是，兴圣寺修复和扩建后没多久，就于宝祐三年（1255）

遭遇了一次大火灾，整个寺院差不多都被焚毁，除了孝宗的御容塑像因为火灾时大家拼命抢救——"官军士民卫神御惟谨"，得以幸存下来。之后虽然有嗣秀王赵师弥的多番活动，试图再次修复兴圣寺，但因时值南宋晚期，朝廷也值多事之秋，修复工程一直时断时续。直到十多年后的咸淳五年（1269），修复工程才开始大规模上马。咸淳九年（1273），兴圣寺修复工程基本完工，在新继任的嗣秀王赵与樫的主持下，重新为孝宗的御容塑像举行了奉安典礼。

于是整个修复工程拖了将近二十年，也成为南宋亡国前最大的一次御容殿修建工程。据《至元嘉禾志》的说法，兴圣寺（兴圣禅院）的位置"在郡治东南二百步。"①说明至元初兴圣寺仍存，但已不算是当地的名胜。1344年，元代大画家、嘉兴人吴镇曾绘《嘉禾八景图》以寄怀乡之思，这幅画里有《至元嘉禾志》同卷所录的金明寺和楞严院等宋代的名胜，但找遍全图，已看不到兴圣寺的踪迹了。

而在此之前的景定五年（1264）七月，朝廷下令嘉定府派人将御容送往临安。《宋史》记载，当年知嘉定府洪涛言："新繁县御容殿前枯木再荣，殿有画太祖像。又顺化人杨嗣光等奉太宗、真宗、仁宗、英宗、神宗像来归，令椟藏府中天庆观。"诏本府选差武臣迎奉行在所，嗣光补武阶两资。四川军民在与金人的对峙中，基本能将敌军拒于蜀口之外。但后期与蒙古的战争中，却从一开始就处于劣势，由于地方军政当局腐败无能，从端平三年（1236）起，以成都为中心的川西平原残破，成都已无法坚守，淳祐年间余玠主持四川军政期间，不得不放弃成都府城，将成都路、府治所移至金堂县云顶山。

---

① ［元］单庆修、徐硕纂：《至元嘉禾志》卷10。

　　至宝祐六年（1258）云顶城失守，成都及附近彭州、汉州、怀安军、绵州等地彻底沦陷，成都府路安抚使驻地也南迁至嘉定府。^①因此，成都失守后，所属新繁县御容殿里的御容当由杨嗣光等人带出，辗转南下，暂放于嘉定府天庆观。由于太祖御容本是壁画，无法带走，所以只有太宗以下五朝御容转移到嘉定，再由嘉定转送临安。显然，洪涛所谓的殿前枯木再荣的祥瑞，不过是四川的御容奉祀黯然谢幕前最后的回光返照罢了。事实上此时全蜀六十余州，南宋“止有二十余州。所谓二十余州者，又皆荒残，或一州而存一县，或一县而存一乡”，^②御容离蜀之际，南宋在四川的统治也已接近尾声了。

　　当然，南宋亡国时，大量的御容画像可能遭到元军的破坏，或者流散在了民间，经过七百多年岁月的损耗，今天已无缘得见了。据说，元朝初年的杭州名医“张防御”，平日说话胡言乱语，人们都把他叫作“张疯子”，但他其实为人忠义，早年曾当过南宋的末代太后谢太后的医官，南宋亡国后，他在自家的“影堂”（供奉家族长辈画像进行祭拜的地方）上修建了一个小阁，供奉宋理宗和谢皇后的御容画像以及神主牌位，当时的人都赞扬他“不忘本”。这个故事表明，南宋虽然不在了，但南宋帝后的御容画像并没有烟消云散，而是扎根在了民间。^③

　　南宋灭亡后，元军将南宋宫中收藏和供奉的御容画像统统打包运到了大都。元代初年王恽的《玉堂嘉话》记载，南宋亡国后，“图画、

① 粟品孝等著：《成都通史》（第四卷·五代两宋时期），四川人民出版社，2011年，第39—42页。

② 佚名：《咸淳遗事》卷下，胡昭曦、唐唯目编：《宋末四川战争史料选编》，四川人民出版社，1984年，第259页。

③ ［宋］周密：《癸辛杂识》续集卷下，中华书局，1988年，第179页。

礼器并送京师"。他因此有机会见到"宋诸帝御容自宣祖至度宗凡十二帝"的画像。王恽的回忆不准确，事实上从宣祖和度宗应该是十六帝，而非十二帝。元朝灭亡后，这批宋代皇帝的画像又回到了南方。朱元璋建立明朝后，定都南京，接着派出明军主力北伐，很快打下了大都，元顺帝率众北遁大漠，留在大都宫中的历朝历代收集起来的珍宝、字画又通通被运到了南京的明朝皇宫中收藏了起来。后来明成祖迁都北京，这批宋代皇帝的御容画像又再次回到北京。

明朝亡国后，清朝又接收了这批御容画像，最初收藏于内务府的库房里，直到乾隆十二年（1747），这批尘封已久的宋代皇帝真容才得以重新面世，当时因为年代久远加上保存不善，"未经启视，尘封蛀蚀，不无侵损"。随后乾隆帝命人将这些御容画像"补缀完好，应重装者，即付装潢"，经过精心修补之后，于乾隆十四年（1749）移藏到刚刚重新整修过的南薰殿中，乾隆帝为此亲自撰写了《御制南薰殿奉藏图像记》以表彰此事。南薰殿的宋代皇帝御容画像，几乎成为现在我们能够看到的最靠谱的宋代皇帝画像的唯一来源。

万卷风檐笔
英伦醉英课
书生光景
遂似一梦田名墙
载酒江湖细说
偶立愁棚听雨
宴谈弄盏掬
游于平生误
消涝鬓鬓苍
午年越
落花辞
笑语长
长安鹰断
旧首进化路茫茫
休道悲歌忌料
知汉溪宫熟业
春郊闲看郎
但快千杯饮
冠盂时山房

右据自作水调歌头
黄博书

万卷风骚笔，莫怪醉黄粱。

书生光景、还似一梦困名场。

载酒江湖细说，独立凭栏欲雨，云淡弄垂杨。

游子半生误，消得鬓头苍。

千年越，落花寂，笑语长。

长安雁断、回首造化路茫茫。

休道悲欢怎料，知汝汉宫勋业，棋罢问萧郎。

但快千杯饮，冠盖卧山房。

    这首《水调歌头》的小词是一个小镇文艺青年多年前梦回宋朝时留在那里的文字。

    年轻的时候，时常幻想着要是穿越回宋朝会怎么样。当然我不会自我感觉良好到以为一个学历史的人回到古代可以为所欲为，但至少也会不免江湖才子、少年热血的畅想一番。鲜衣怒马，关山纵横，那些属于汉唐的荣光，宋人艳羡了三百年。举三尺剑搅动日月风云，提三寸笔织就锦绣文章，这也许是每个大宋少年的黄粱一梦吧。而我把这个梦已经忘掉了好多年，在写这本小书的半年里，我似乎又找到了年少时的幻梦。

多年以来，在一本正经的学术写作中消磨着本就所剩无几的文采风流，愈发觉得自己的文字言语乏味、面目可憎。现在的大多数时候，我不过是一台没有感情的人肉论文打字机而已。有时也在想，这年复一年的犹如西西弗斯般的学术民工的人生，何时才能到头！

这本小书的初衷，只是想找个机会让自己放纵一下，冀望游戏于史海之中，出入于事实之间，信笔闲之，随心所止。没有玄妙高深的理论，也不追求别具一格的洞见，甚至连问题意识也没有，更无意于为学术研究的大厦添砖加瓦，可戏称之为"三无之作"——不全面、不系统、不深刻，但胜在情绪饱满、生机勃发。于我而言，本书但凡能为读者在茶余饭后增加几点谈资，或者偶尔能博诸君一笑，便足以慰怀了。

现在回想起来，虽然全书的写作过程还算酣畅痛快，但键盘上的指间飞扬，自以为是的恣意畅快和自作聪明的文思泉涌，恐怕只不过是自我感动的一厢情愿罢了。当敲下这本小书正文的最后一行字的时候，我又开始怀念起写论文的时光了。转身过来，才恍然大悟，原来自己早已站在了安身立命之处而不自知，这时不禁暗自庆幸，此前以为的种种折磨与不甘，又何尝不是一种幸运。

本书关于古代帝王肖像的思考，实源于十多年前，其时我刚博士毕业第一次站上讲台，被一群非专业课的学生追问我一个颇有些无厘头的问题——"秦始皇长得帅吗？"当时我正侃侃而谈秦始皇在中国历史上无与伦比的地位，我当然无法回答这个问题，因为这是我从来不曾想过的问题。显然，面对同样的话题，历史工作者和历史爱好者之间有着一条巨大的鸿沟。

犹记得，去年我那本"第一部用汉文写成的古格王国历史的学术专著"《10-13世纪古格王国政治史研究》出版后，我的洛阳纸贵、长安看花的戏梦。部分被神秘的绝域所吸引的读者，兴高采烈地拿到书后失望地发现，这是一本并不适合普通读者看的博士论文——只宜细味、不合轻读。于是，当今年春节开始写作本书的时候，我就想何不尝试一下暂时抛开学术研究的包袱，冒险尝试一下另类的写作方式——自由自在地写一本作者写起来爽，读者看来也爽的书，以非专业读者的眼光发现历史的兴味之所在，再以多年专业的学术训练去回应之。

在字里行间肆意洒脱地编织一些从前不曾为人注意的历史片段，赋予它们可讲述的意义：于无聊处有趣，于无情节处有故事，于无人问津处有激情。

所以在构思本书的时候，我就决心用轻松的心情和轻快的笔调来书写宋代政治生活中的帝王肖像崇拜，尽管全书的叙事主线充满了亡国之忧、流亡之苦、战乱之惨和重建之难。在省去系统性的学理考察之后，以略带夸张的方式把学术思考的闪光点以"网文暴点"的方式呈现出来。一边从正史与野史中找寻各种宋代皇帝御容故事之种种，一边在辨析与解析相关人物和事件的过程中，以宋代帝王肖像的聚散离合为视角，重现宋代社会的历史风貌。

本书的写作，也给了我一个全新的体验历史的方式，即通过凝视宋代画家留给我们的各种历史图像来感知那个千年之前的时代，这是一种令人兴奋不已的感官享受——原来历史是真的可以被观看的，特别是在我自己早已习惯了用文字材料来描述和解读历史之后。

　　事实上，本书讨论的话题"帝王肖像崇拜与宋代政治生活"，本身是一个非常重要的学术问题，也是我长期以来一直关注并打算进一步深入研治的课题。我深信，这一相关主题研究的展开，必将会在宋代政治史、艺术史和社会史中激起不小的水花。而且据我所知，迄今为止，尚未有一部以此为主题的学术专著问世。填补空白，应该是每一个行走在学术道路上的初生牛犊们，虽不能至却心向往之的执念吧。而这么一个"捡大漏"的机会摆在我的面前，我却用这样一种不合常规学术套路的写法来完成了它，实在是有点暴殄天物。

　　我的私心是，既然暂时无法做到阳春白雪，那就先下里巴人一会儿吧。也许它可以成为一次无心插柳的投石问路，激励我自己把这一问题的学术研究继续下去，即使我现在更多的时候只能站在遥远的古格张望近在咫尺的大宋。

　　当然，以上的种种设想，如果没人愿意为此买单，也就只能是空想。幸运的是，我遇到了把这个空想变成现实的人，那就是山西人民出版社的崔人杰编辑。"如朕亲临"正是在我们的闲聊中诞生的。这本小书从设想到付梓的每一步都凝聚着他的心血。特别是，他在本书的写作计划还只停留在空想阶段的时候，就敢跟我签订出版合同，并且坚信我不会因为力有不逮而跳票，也不会因为我的夸夸其谈而烂尾。正是崔兄的信任激起了我尝新的勇气，才让我有机会体验到这一趟奇妙的写作历程。

　　此外，在写这本书的时候，我时常把相关的内容"伪装"成对我的宋史方向的研究生们的学术训练，他们在微信群里的讨论不断刺激着我的灵感，虽然大部分时候他们并不知道我一边看着他们的留言，一边正在奋笔疾书。特别是路遇明和王玉婷，他们给本书的初稿提出了许多详实和宝贵的意见,幸好有他们的校正订讹,才让我在放飞自我的书写中少犯了许多错误。

最后,本书的完成,也离不开我的妻子宋晓希博士的扶持。当她得知我打算写这本小书的时候,居然对我这个"不务正业"的举动抱以了出乎意料的期待和肯定。我想,这大概是因为我最初对宋代的御容产生兴趣,很大程度上就是为了能够配得上她一直以来的研究方向——宋代的御书。我至今还记得我刚刚动笔那天她对我说的话,为了鼓励我写这本其实对我的职业生涯并无多少助益的小书,竟恩准我在未来写书的日子里,每天可以少洗一顿碗,她一向就是这样纵容我的任性。是的,我就是喜欢这样撒狗粮!

黄 博

2022年6月于成都

致　谢

本书完稿后，进入了一个其实并不算漫长的出版阶段，我在忐忑与兴奋的交替中度过了翘首以盼的三个多月。

在这期间，《如朕亲临》的书稿得到了包括宋史以及文化史、艺术史等领域众多学界名家的关注。王瑞来老师和包伟民老师在审读了书稿后，慷慨赐序，实在是让人喜出望外。虞云国老师、仲伟民老师、段玉明老师、王东杰老师和鲁明军兄在通读书稿后，也都纷纷不吝笔墨，隽语相赠。古语常言，一字之褒，贵逾千金，而老师们字字珠玑，又何止千金。

得到他们的序言荐语，是我写作本书最大的也是最意想不到的收获。这段时间一有空就会忍不住从手机里把老师们的序言荐语翻出来一看再看，反复回味，差点陶醉其中不能自拔。感谢老师们对我的鼓励，我只有继续精进，才能不负老师们的厚爱。

此外，书稿在完稿后，重庆师范大学的唐春生老师、西南大学的熊斌兄，都给书稿提出过不少宝贵的修改意见。在最后的编校期间，我的宋史方向的研究生岑宛聪、袁琪和邢军都帮忙做了许多文字上的校对工作，在此一并致谢。

最后，感谢装帧设计陈婷老师，本书的封面设计，说是数易几十稿，都毫不夸张。我知道她被我这个粗通 PS 却又"手菜瘾大"的封面玩家，搞得工作量大增。她的设计，为本书大大增色的同时，她的专业、包容和耐心，也令我获益匪浅。

黄　博

2022 年 10 月于成都

—— 精彩书评 ——

在帝制时代，君主肖像画具有无可替代的政治意义、文化内涵与社会影响。著者开拓性地融汇政治史、美术史与社会史的视野与方法，以貌似庄严的帝王像为绾结的线索，以生动有趣的故实为镶缀的璎珞，独运机杼地编织出天水朝别具一格的政治生活图卷。叙事于史有征，章法错落有致，文笔飞扬流宕，洵为兼具学术性与普及性的史学佳构。令人披阅之下，不禁击节而赞：帝王像也有如此出彩的对照记！

——虞云国（上海师范大学人文学院教授）

对历史进行抽象或粗线条的论述容易，对历史细节的描述和研究最难，还原历史的真实更难。历史去我们愈远，我们对历史真实细节的了解愈少。正是因为历代史学家对历史真实细节的不懈追求，才使古老的历史学常写常新。本书以宋代皇帝的御容画像为切入点，讲述宋代历史及宋辽金之复杂关系。选题之巧妙，文笔之细腻，对历史人物解剖之准确，对历史细节还原之真实，实远胜于一般的通论性著作，也比专深的研究论著更具吸引力，可谓慧眼独具。

——仲伟民（清华大学历史系教授）

帝王肖像与王朝政治既是一个很新的学术课题，也是一个有相当难度的课题。如何在扎实的学术基础上将史学著述写得并不面目可憎，且又不至落入戏说，则是史学书写方式长期的难题。该书以丰富的材料占有为基础，以坚实的学术研究为依托，并以富有趣味的书写方式娓娓道来，极富阅读快感，在学术与书写两方面都是一次成功的尝试，为史学著述的另类书写带来了一种新的范式。

——段玉明（四川大学道教与宗教文化研究所教授）

除了专业的艺术史学者，中国传统文化中的视觉因素似乎很少激起足够的关注。黄博此书从人们忽焉未察的历史细节入手，雄辩地证明了视觉展示之于皇权运作的重要性，令读者惊讶地意识到，"看脸"竟如此密切地关系到一个时代的兴亡。全书学术价值极高，且文笔晓畅，事例鲜活，读来妙趣横生，而又启人深省。法国史家保罗·韦纳曾以艳美的口吻提到有一种社会喜欢"把学问弄得人人都爱看"，我想，黄博这本书就可以当之无愧地成为通向这种社会的桥梁。

——王东杰（清华大学历史系教授）

半个多世纪前，法国作家马尔罗（André Malraux）在《无墙的博物馆》一书中已敏锐地指出，博物馆体制及与之相应的艺术史论述是如何抽离了历史上肖像的功能，将其变成"绘画"的。黄博这本书与一般的艺术史研究和艺术史叙事的区别正在于，他将原本存在于博物馆和艺术史著述中的帝王肖像画重新放回了波澜壮阔的宋代政治文化史当中，从而以更加立体和能动的方式展现了这些肖像画的生成、风格及历史角色等。在我看来，这不仅是一次"图像证史"的写作实验，同时也不忘提醒我们，到底什么是肖像，什么是肖像画。

——鲁明军（复旦大学哲学学院青年研究员、策展人）